CHIDING DANIUGU

吃定大牛股

中线大牛股战法精解

丁 力◎著

SPM 南方传媒 | 广东经济出版社

· 广 州 ·

图书在版编目（CIP）数据

吃定大牛股：中线大牛股战法精解 / 丁力著. --广州 ：广东经济出版社，2025.7. --ISBN 978-7-5454-9566-9

I. F830.91

中国国家版本馆 CIP 数据核字第 20258R0E65 号

责任编辑：蒋先润
责任校对：汪宗跃
责任技编：陆俊帆

吃定大牛股：中线大牛股战法精解
CHIDING DANIUGU：ZHONGXIAN DANIUGU ZHANFA JINGJIE
出 版 人：刘卫平
出版发行：广东经济出版社（广州市水荫路 11 号 11 ～ 12 楼）
印　　刷：珠海市国彩印刷有限公司
（珠海市金湾区红旗镇虹晖三路北侧，永安一路西侧）

开　　本：787mm×1092mm 1/16　　**印　　张**：13.5
版　　次：2025 年 7 月第 1 版　　**印　　次**：2025 年 7 月第 1 次
书　　号：ISBN 978-7-5454-9566-9　　**字　　数**：247 千字
定　　价：58.00 元

发行电话：（020）87393830
如发现印装质量问题，请与本社联系，本社负责调换

贝果投资

/ 在不确定中寻找确定 /

·贝果投资·
股票类图书推荐

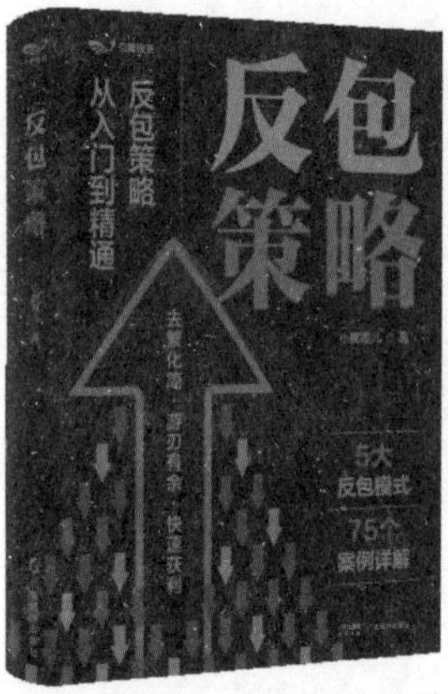

《反包策略》

5 大反包模式

75 个案例详解

新政策下的散户突围指南

大盘×情绪×周期×资金

贴近主力思维

敲开交易之门

《股票技术分析实战傻瓜书（珍藏版）》

原版畅销超过百万册

简单的方法分析出大盘趋势

专门针对 A 股市场

实战应用工具书

《投资金字塔》

独创股市投资交易战法体系

选出好股票

提炼好策略

修炼好心态

一站式解决 A 股投资问题

前言

找寻捕捉中线大牛股的实用战法

众所周知，股票投资首先要确定投资的期限，投资期限的长短决定了投资的风格和方法。一般来说，股票投资的期限分为长线、中线和短线。长线、中线和短线投资有不同的交易方法，投资者应根据自身条件选择适合自己的投资风格和方法。

其中，长线投资是主要以价值投资为目的，持股时间长达数年乃至更久的一种投资方法，其优点是长期持有、中途不需要频繁操作，长期下来可能取得非常丰厚的收益。但这种方法的缺点也很明显，就是周期太长，验证对错需要很长的时间。一旦买错股票，不仅要承担巨额亏损，同时还要付出巨大的时间成本，没有丰富经验的普通投资者难以有效进行长线投资。需要指出的是，那些因为股票被套牢而被迫长期持有的投资不能叫作长线投资，那些投资只是无奈的坚持，最后的结果往往不甚理想。

通常来说，短线投资主要是运用技术分析方法，从股价短期波动中获取收益，持股时间短则一两天，长则一两个月，一般不超过三个月，其优点是很快可以锁定收益，亏损幅度也不会太大。当然，这种方法也有缺点，即对投资者的操作经验和交易心态要求很高，需要投资者具有极其敏锐的洞察力，善于发现股价短期波动的机会，还需要投资者具有当机立断的操作决心，买入果断，能够适时获利了结，股票被套时敢于“壮士断腕”，及时止损以防止亏损扩大。对大多数散户来说，短线投资的要求太高了，很难练就高超的短线交易技术。因此，我把长线投资方法和短线投资方法各自的优点进行有效结合，总结出一套简单实用的中线大牛股投资方法，希望能帮助投资者获得理想的投资收益。

中线大牛股的持股时间长短适宜，一般来说在 3 个月至 6 个月之间，而且不需要频繁操作，一年下来，找准机会操作一至三次就够了，这样就不要求投资者具备多么高的操盘水平，也不用投资者天天盯着盘面。如果选股正确，每只大牛股能带来 50%～100%的收益；如果选股错误，亏损幅度也能限制在 10%～20%。这样的盈亏比例保障了资金安全和投资的可持续性。

与我之前已经出版的几本侧重短线投资的股票书不同，本书将具体讲解捕捉中线大牛股的相关实用战法，帮助投资者在股市博弈中获取更大收益。第一章主要讲解中线大牛股的基本条件和拉升模式，以及见顶的判断方法。考虑到中线大牛股可细分为几种不同的类型，且各有特点，因此，在后续几章中，我将对其进行分类剖析。为了让内容更具参考价值，我还将结合最近几年出现的中线大牛股案例进行深度讲解。

需要特别提醒的是，本书列举的个股为过往案例，不构成当下投资建议。股市有风险，投资需谨慎。

最后，祝读者朋友们投资顺利！

丁力

2025 年夏

Contents 目录

第一章

中线大牛股综述

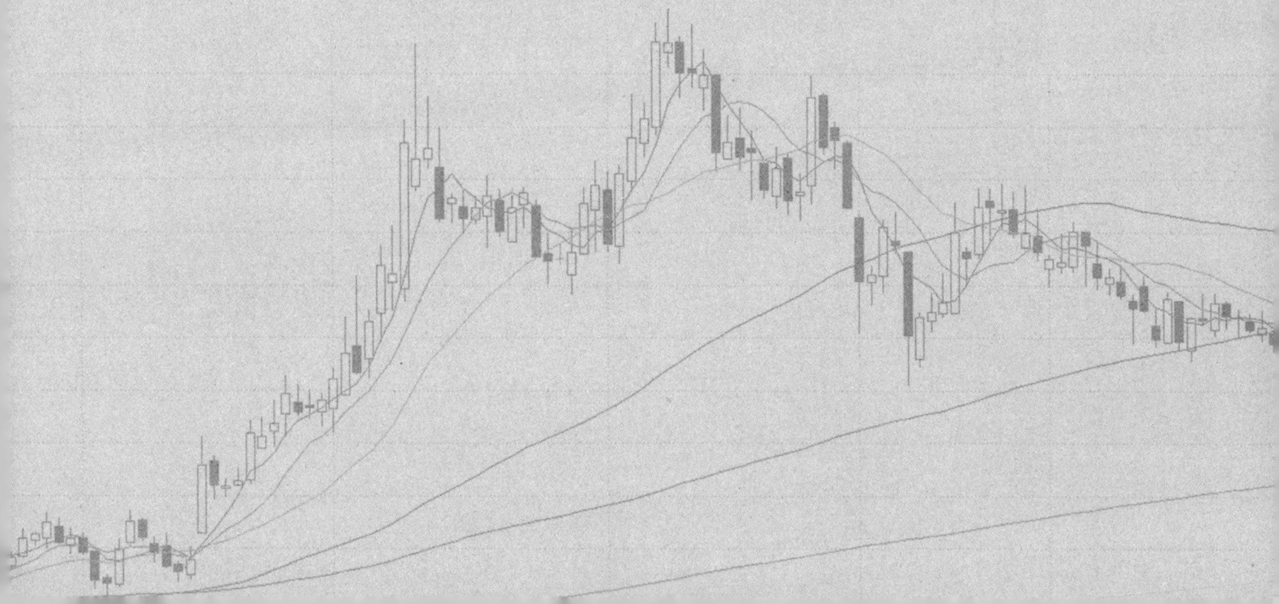

本章内容力求让投资者更好地认识和把握中线大牛股。第一节，对中线大牛股进行定义，指出其主要特点；第二节，详解中线大牛股必须具备的几个基本条件；第三节，分析中线大牛股的市场特征；第四节，用个股案例作具体说明。

第一节 中线大牛股的定义

中线大牛股是指行情持续时间达 3～6 个月，上涨幅度超过 100%的股票。

一、行情持续时间

中线大牛股的行情持续时间不能太长，否则就可能出现太多变数，主力对此也难以掌控。当然，行情持续的时间也不能太短，否则上涨很难达到较大的幅度，主力资金也不太容易获利出局。经过多年的实战总结，我发现大多数中线大牛股的行情一般会持续 3～6 个月，这是一个非常合适的周期。

主力资金运作一只个股，建仓一般需要 1～3 个月，之后的拉升时间大致相同。当然，特殊情况下个别中线大牛股的行情可能会持续更长时间。

主力运作中线个股的时间通常会根据大盘走势进行调整，如果大盘走势很好，就会延长中线大牛股的拉升时间；反之，就会缩短中线大牛股的拉升时间，加快出货的步伐。

二、上涨幅度

中线大牛股爆发之前通常处于逐波下跌或者低位横盘的态势，若从股价最近一年的最低点开始计算，其爆发后的最终涨幅至少在 100%～300%，更强一点的还会上涨更多。

中线大牛股从最低点启动后，一般会先有一个小幅反弹的过程，然后进入洗盘阶段，主力继续在此阶段进行建仓。建仓完成时，股价相比最低点已经上涨了一定的幅度了。普通投资者较难买在最低点，等到我们觉得可以介入的时候，股价已经从最低点上涨了 30%～50%。不过，即使我们比主力介入的时间晚一些，盈利幅度也很可能在 50%以上。

中线大牛股的涨幅受到众多因素的影响。例如，炒作的题材是否真的能给公司基本面带来实质性改善。题材带来的实质性好处越大，股价上涨时间越持久，股价就会被市场炒作得越高；如果题材只是一个噱头，对公司没有实质性好处，那么炒作很可能就是昙花一现，股价很快就会回落。此外，大盘走势的强弱、个股自由流通股的多少、市场反应是否热情等，也都是决定中线大牛股最终涨幅的重要因素。

第二节 中线大牛股的基本条件

有可能成为中线大牛股的股票，必须具备五条。下面，我以 2021 年的一只中线大牛股悦心健康为例进行详细说明。

一、公司基本面不好不坏，但有亮点

首先，中线大牛股的经营情况不能太差，至少不能有因财务状况或其他异常情况被“戴帽”（ST）处理的情况，否则这样的公司就没有投资价值了。即使股价上涨也是纯粹的投机炒作，投资者尽量不要去参与。因为市场炒作的主要是对未来的期许，所以我们选择股票的时候不需要特别重视公司目前的盈利水平，而应该关注公司的营业收入是否能够稳定增长。只要公司的营业收入能够实现稳定增长，即使目前盈利很少甚至暂时亏损都不要紧，这或许说明公司正在扩大市场占有规模，未来的盈利前景值得看好。如果公司所处的行业整体也处在高速发展的阶段，那就更完美了。

其次，中线大牛股的基本面也不能太好。如果经营情况非常好，公司能持续不断地创造利润，那么这样的公司股价就会长期走牛，其股票会成为长线白马股而不是中线大牛股。这样质地优良的股票通常不可能长期下跌或者在低位横盘，否则我们就要怀疑财务数据的真实性了。

中线大牛股的基本面最好是不好不坏，处于中游，比上不足比下有余，既不是稳定盈利的明星股，也不是完全没有投资价值的垃圾股。最为关键的一点是，该股票必须具有鲜明的题材亮点，即要有一个独特的标签，当大家谈起某一个行业、地域或者概念板块时，首先就会想到这只股票，一旦市场炒作相关概念，那么这只股票就很容易成为龙头股。

值得注意的是，某些ST股票基本面改善以后就可以“脱帽”，股价也可能会有很好的表现，我们可以耐心等待其“脱帽”后再参与。我的投资理念是：绝不参与ST股票的炒作。尤其是在每年2—4月的年报密集公布期间，我们千万不能投资那些此前已经连续2年亏损的公司，因为这类公司继续亏损就会被“戴帽”。此外，也不能投资那些已经被监管部门警告，有重大违规行为以及有重大债务纠纷的公司，这样的公司也可能会被突然“戴帽”甚至退市。

下面我们来看看经典案例悦心健康的基本面情况，见图1-2-1。

☆财务分析☆ ◇002162 悦心健康 更新日期：2022-11-28◇ 港澳资讯 灵通V8.0
☆【港澳资讯】所载文章、数据仅供参考，使用前务请仔细核实，风险自负。☆
★本栏包括【1.财务指标】【2.报表摘要】【3.异动科目】【4.环比分析】★

【1.财务指标】
【主要财务指标】

财务指标	2022-09-30	2021-12-31	2020-12-31	2019-12-31	2018-12-31	2017-12-31
审计意见	未经审计	标准无保留意见	标准无保留意见	标准无保留意见	标准无保留意见	标准无保留意见
净利润(元)	-8556.334万	4617.1031万	5719.5037万	3787.2539万	2434.7052万	2017.2331万
净利润增长率(%)	-296.9153	-19.2744	51.0198	55.5529	20.6953	18.4778
扣非净利润(元)	-7880.5653万	2877.2012万	3516.7177万	1889.5064万	24.6437万	-54.3146万
营业总收入(元)	8.4968亿	12.6083亿	11.947亿	11.6624亿	9.7788亿	9.0022亿
营业总收入增长率(%)	-5.7358	5.5352	2.4408	19.262	8.6267	15.726
加权净资产收益率(%)	-6.92	3.99	5.68	3.98	2.74	2.35
资产负债比率(%)	53.6809	52.39	58.1702	57.5883	58.2459	58.1206
净利润现金含量(%)	38.0827	331.9046	266.5539	348.909	556.5676	546.4654
基本每股收益(元)	-0.0924	0.0519	0.067	0.0444	0.0285	0.0236
每股收益-扣除(元)	-	0.0311	0.0412	0.0221	0.0003	-0.0006
稀释每股收益(元)	-0.0924	0.0519	0.067	0.0444	0.0285	0.0236
每股资本公积金(元)	0.2109	0.2109	0.0838	0.0838	0.0919	0.0895
每股未分配利润(元)	-0.1412	-0.0488	-0.1062	-0.171	-0.2096	-0.2344
每股净资产(元)	1.2942	1.38	1.2122	1.1452	1.0908	1.0231
每股经营现金流量(元)	-0.0352	0.1654	0.1786	0.1548	0.1584	0.1289
经营活动现金净流量增长率(%)	-81.1(L)	0.517	15.3737	-2.4848	22.9265	-11.8153

图1-2-1　悦心健康（002162）财务分析

图1-2-1是悦心健康公司资料中的财务分析概况。因为该股是在2021年3月开始爆发行情的，所以我们需要关注2020年以及之前几年的财务状况。从图中可以看到，从2017年到2020年，该公司的营业总收入分别为9.0022亿元、9.7788亿元、11.6624亿元和11.947亿元。公司的营业总收入在持续增长，虽然增长的速度不算很快，但是能够保持不断增长就是好事。从2017年到2020年，公司的净利润分别为2017.2331万元、2434.7052万元、3787.2539万元和5719.5037万元。公司的净利润也在持续增长，而且增长的速度明显快于营业总收入的增长，这是非常好的现象。再看加权净资产收益率，从2017年到2020年分别为2.35、2.74、3.98和5.68，这个数据就明显偏低了。一般来说，一家优秀公司的加权净

资产收益率应该高于10，而悦心健康这几年的数据大部分低于5，只有2020年该指标才勉强达到5以上，说明该公司的盈利水平仍然很低。

分析了悦心健康的财务数据之后，我们可以得出一个结论：这家公司的盈利水平较低，但是公司在努力经营，每一年都有一定的进步。我们再观察该公司的每股经营现金流量数据，明显好于基本每股收益，这说明公司的资金流动充裕，正常经营不存在问题。再去分析公司大事，可以了解到该股以前的名字是斯米克，公司主要经营建材瓷砖业务，但公司在2015年实施了资产重组，通过收购兼并数家民营医院进入了医疗健康产业，全资拥有的上海悦心综合门诊部具有美容外科、美容皮肤科的经营资质，可以开展一级和二级美容外科手术，同时公司还涉足医养结合的养老服务以及辅助生殖的医疗领域。因为这一重大重组彻底改变了公司的业务结构，所以在2015年10月股票更名为悦心健康。如此一来，该股就有了一个非常好的题材亮点，那就是大健康产业。悦心健康涉及几个概念，如民营医院、养老、医美、辅助生殖等，一旦这些概念成为市场热点，股价就极有可能被市场集中炒作。

二、股价长期沉寂

中线大牛股不是一朝一夕形成的，掌握大资金的主力要运作一只中线股票必然会精挑细选，其中最重要的一条选股标准就是目标个股上方没有大量的套牢盘，或者历史套牢盘所处的位置很高，即使股价上涨200%也达不到该位置，那样主力资金在建仓和拉升的过程中就都不会遇到沉重的抛压，能够顺利运作。中线大牛股爆发之前必须经历一个长时间沉寂的过程，且时间越长，套牢盘被消化得越多，部分忍受不了的投资者已经纷纷割肉离场了，还在坚持的投资者不会轻易卖出手中的股票了，主力稍微拉升后再震荡一下就可以轻松建仓，在后续的连续拉升阶段也不会出现某一个位置有大量抛盘的情况，因为套牢盘已经非常稀少了。

一般来说，中线大牛股在爆发之前至少有2年的沉寂过程。如果2年前股价曾经被炒作得很高，那么最近2年就必须连续下跌来消除上一波炒作形成的股价泡沫。在这个过程中肯定会有若干大大小小的反弹，但不能出现翻倍大涨的行情，而且这些反弹的成交量也不能太大，否则又会形成新的套牢盘。最后股价到了跌无可跌的境地。这样的股票就具备了成为中线大牛股的潜力。如果2年前股价并没有被大幅炒作，而最近2年股价保持低位横盘状态，这也算是一种沉寂的方式，说明市场已经没有多少人关注这样的股票了。

下面我们来看看悦心健康在爆发之前的几年的走势情况，见图 1-2-2。

图 1-2-2　悦心健康（002162）日 K 线（1）

图 1-2-2 是悦心健康的日 K 线图，图中时间跨度为 2015 年 8 月至 2021 年 3 月。可以看到，该股的走势呈现冲高回落之后陷入长期低迷的态势。股价在 2015 年 11 月拉升到历史最高位后持续下跌，在 2018 年 10 月跌至最低点，然后反弹到 2019 年 4 月，股价从最低点算起刚好翻一倍。此后，股价继续回落到低位并长期横盘，其间股价走势基本归于沉寂，没有出现特别大的波动。

这种走势就非常符合中线大牛股的走势要求。

三、股价总体处于低位

中线大牛股在爆发之前，其股价总体处于低位。低位可以分为相对低位和绝对低位。相对低位指相对于历史高位来说处于较低的位置，只要股价明显从历史高位大幅回落就可以算是处于相对低位了。绝对低位是指股票的价格和估值同时处于低位。

（一）两个重要的估值方式

对于判断估值的具体指标，我主要看市净率和市销率。许多投资者喜欢看市盈率，但是我反而不太重视这个指标，因为股价总体处于低位的中线大牛股一般盈利水平并不突出，所以即使股价已经很低，但是市盈率可能并不低，这也是中线大牛股不引人注目的原因之一。另外，许多成长中的公司会选择牺牲部分利润来迅速打开市场，例如众多新兴的网络科技公司就是这样成长起来的，所以许多具有高成长性的公司利润都不高，甚至可能在某个阶段是亏损的，这个阶段如果看市盈率就会认为这些公司完全没有投资价值，就会错过最好的投资机会。

市净率是每股股价与每股净资产的比值。这个比值越低越好，一般来说，中线大牛股爆发之前的市净率都在 3 以下。市销率是股票总市值与公司主营业务收入的比值。上市公司的主营业务收入波动可能很大，但是股票总市值相对比较稳定，所以市销率指标对寻找具有投资价值的股票更有帮助。市销率也是越低越好，一般来说中线大牛股爆发之前的市销率都在 5 以下。

需要指出的是，计算市净率和市销率都应该使用最近一个完整年度的年报数据，而不应该使用季度或者半年度数据，因为很多企业各个季度的经营情况差别很大，不具备可比性。如果一家公司的市净率低于 3，同时市销率也低于 5，那么这家公司的股价基本可以确定是被低估的，或者说没有太多的泡沫。如果公司的主营业务收入连续几年保持稳定快速增长，那么说明公司具备良好的成长性。再结合其他财务数据综合研判公司的发展状况，就有可能找到中线大牛股的备选目标。

当然，市净率低于 3 和市销率低于 5 只是参考，因为每个公司都有各自的特点。例如，轻资产公司的市净率就比重资产公司的要高，所以这一类公司的市净率较高但市销率却很低，这是可以接受的。反之，重资产公司的市净率一般很低，在 1 左右，但市销率却较高，这也是允许的。毛利率高的公司，其市净率和市销率一般偏高，反之则偏低。另外，小市值公司的市净率和市销率通常都会比大市值公司更高一些。在实战中，我们可以根据情况酌情适当调整这个标准，但是总体思路是保持不变的，那就是选择低估值且价格处于低位的股票。

（二）应用案例

下面我们来看看悦心健康这只股票的基本面情况。在 2021 年 3 月启动主升浪之前，股价在 4 元左右波动，公司总股本 9. 27 亿股，两者相乘得到公司总市值约 37. 08 亿元。下面我们再来看，该公司上一个年度（也就是 2020 年）的财务数据。

2020 年度，该公司的主营业务总收入是 11. 947 亿元，每股净资产为 1. 2122 元，计算市净率和市销率的结果如下：

市净率 = 每股股价 ÷ 每股净资产 = 4 ÷ 1. 2122 = 3. 3

市销率 = 股票总市值 ÷ 公司主营业务收入 = 37. 08 ÷ 11. 947 = 3. 1

通过计算，我们得出，悦心健康的市净率为 3. 3，市销率为 3. 1。对照前文提出的标准，该股市销率 3. 1 完全符合我们的要求，但是市净率 3. 3 稍微高于标准。此时，我们就要具体分析这只个股的情况了。首先其总市值只有 37. 08 亿元，而我国 A 股公司的平均总市值在 150 亿元左右，总市值 100 亿元以下的股票都算是小盘股。从总市值看，该股可以说是典型的小盘股，再加上其股价只有 4 元左右，也是典型的低价股，在这样的情况下估值指标略高一点也是可以接受的。

四、股价温和反弹，成交量密集放大

潜在的中线大牛股一般经过了长时间的沉寂，其间成交量没有出现连续密集放大的情况，这说明市场资金没有集中炒作，在股价即将爆发之前，成交量就会连续密集放大，这是大资金建仓必然伴随出现的现象，也就是市场上经常说的“量在价先”。在这个连续密集放量的过程中，成交量水平必须明显超过此前 2 年或者更长时间股价沉寂期间的成交量水平，否则大资金就无法完成建仓。大资金建仓通常会表现出阳线放量、阴线缩量、越大的阳线放量越大、越往下跌成交量越小等特征。

当然，有的主力会采用特殊的建仓手法，那就是放量大阴线建仓。这种建仓方式又有两种具体实施情况：第一种情况先是经过一段时间的连续小幅拉升，最后某一天加速拉升然后砸出放量大阴线；第二种情况是突然拉升一个或者两个涨停板，然后第二天或者第三天大幅拉高开盘再砸出大阴线。在完成放量大阴线建仓之后股价往往都会有一段时间的回调整理。拉高放量的大阴线也可能是主力出货的特征，因此我们要分清股价所处的位置：如果是在股价反复拉升，累计涨幅巨大的时候出现放量大阴线，那就是主力出货，但是在沉寂多年的个股刚刚小幅反弹的时候出现这种情况则往往是主力建仓。这种手法对许多小资金还是管用的，跟风盘和套牢盘都很容易被吓出局。

放量大阴线之后，股价回调的时间取决于主力的洗盘效果和建仓情况，若洗盘效果好且建仓完成快，则几天时间，慢则十天半个月不等，股价就会再次向上发动攻击。股价突破放量大阴线那一天的最高点之时，往往就是中线大牛股开启主升浪的时刻。

下面我们来看看悦心健康在股价爆发之前的走势情况，重点观察成交量变化，见图 1-2-3。

图 1-2-3 悦心健康（002162）日 K 线（2）

图 1-2-3 是悦心健康的日 K 线图，图中时间跨度为 2016 年 4 月至 2021 年 3 月。这里我们重点关注该股的成交量。可以看到，在前期的下跌阶段，每天的成交量都是很小的，偶尔出现反弹行情的时候才会有间歇性放量，但是持续时间都很短。直到股价见底后，在 2019 年 2 月至 2019 年 4 月的较大反弹阶段才出现时间持续较长的连续放量。接下来，在后面的低位横盘行情中，成交量再次变为持续低迷和间歇性放量。2020 年 12 月至 2021 年 3 月，股价开始温和反弹，并伴随持续不断的密集放量，这段时间的成交量水平远远超过了过去 5 年的成交量水平，这就是大资金开始建仓的具体表现。

五、出现带动股价大涨的因素

前面我们说过，中线大牛股必须要有题材亮点，这个亮点就是带动中线大牛股股价飙升的因素。在股市交易中，有可能带动股价大涨的因素大致有6种。

（一）第一种：突发利好政策

这个利好政策可能是针对某个行业的，也可能是针对某个地域的，特殊情况下也可能是针对某一家公司的。由于政策的推出必然有一个酝酿筹划的过程，而且产业政策也有其连贯性，因此嗅觉灵敏的主力资金在获得消息后就会进行提前布局。消息出台之后，此前已经完成建仓的主力就会直接借势疯狂拉升，然后在市场狂热的气氛中完成出货，那些还没有完成建仓的主力也会加紧建仓，后续再根据情况进行拉升出货。

（二）第二种：公司基本面出现重大改善

公司基本面出现重大改善最常见和最能刺激股价的情况就是公司重组，包括借壳重组、大股东资产注入、收购兼并等，此外还有公司进行定向增发，募集资金进行收购或者投资热点项目；公司业绩突然大幅增长，或者签订了重大合同，或者以往所投资的公司上市等。公司基本面出现重大改善一般也有先知先觉的资金进行布局，等到公司华丽转身之时，就是二级市场上股价飙升的时候。

（三）第三种：公司拥有独家高新技术或独特优势产品

公司拥有独一无二的高新技术或者独特优势的产品，这些技术和产品在未来具有广阔的应用空间，意味着公司掌握了赢得未来竞争的核心优势。这样的公司目前的经营情况通常都不太理想，否则股价早已被炒上天了，但也不会出现长时间连续的下跌。这类公司的优势在过去由于种种原因没有发挥出来，导致其股票在二级市场上被长期冷落，但是未来可能出现重大变化。公司的优势技术或者产品可能会迎来跨越式的发展契机，这样的消息能够打开市场想象空间，使股价被市场疯狂炒作。

（四）第四种：产品或服务涨价

公司生产的产品或者提供的服务短时间内被市场抢购一空，供不应求，公司可以轻易涨价。这种事出突然的情况可能引来资金疯狂炒作，使股价呈现一飞冲天的走势。

（五）第五种：高送转

高送转的股票在除权后价格大幅降低，而散户投资者对低价股有一种特殊的情结，市场就会炒作填权预期，这时股价也有可能走出疯狂的上涨行情。

（六）第六种：全球化因素

我国实行严格的外汇管制制度，因此外资不能自由、无限制地流入和流出 A 股市场，这人为造成了 A 股市场与包括香港股市在内的其他股市的隔离。但是，今天的中国经济已经高度国际化了，进出口贸易已经成为我国经济发展的主要动力之一，加之我国还有众多公司在港股和美股市场上市，因此 A 股市场不可能和其他市场完全隔绝。众多上市公司也不可避免地受到全球化因素影响，如果出现重大利好刺激，股价就可能暴涨。

以上 6 种因素都是 A 股市场常见的能引起股价大涨的因素，不同因素背景下的中线大牛股都有其不同的特点，在后面的章节中，我将分别进行论述。

第三节 中线大牛股的市场特征

中线大牛股通常具有多种显著的市场特征，这些特征不仅体现在股价上，还体现在公司基本面、与市场趋势的关系、投资者情绪和技术形态等多个方面。

一、股价表现

（一）涨幅显著

中线大牛股最直观的市场表现就是股价显著上涨。这些股票往往能够在短时间内实现远超市场平均水平的涨幅。

（二）抗跌性较强

中线大牛股的股价走势并非一帆风顺，而是伴随着市场的波动和投资者的情绪变化。然而，这些股票通常能够在波动中保持上涨趋势，展现出较强的抗跌性。

二、公司基本面

（一）业绩持续增长

中线大牛股的背后往往有不错的业绩支撑。这些公司通常具有优秀的盈利能力、良好的财务状况以及稳健的业务模式，业绩的持续增长为股价的上涨提供了动力。

（二）行业地位领先

在所处行业中占据领先地位的公司的股票更有可能成为中线大牛股。这些公司通常拥有较高的市场份额、较深的品牌影响力以及较强的技术创新能力，能够在竞争中保持优势并实现业绩持续增长。

三、与市场趋势的关系

（一）顺应市场趋势

中线大牛股的市场表现通常与市场趋势密切相关。当市场处于上升趋势时，这些股票往往能够跟随市场上涨并且涨幅能够超越市场平均水平；而当市场处于下跌趋势时，它们也会出现波动或回调，不过表现出较强的抗跌性。

（二）引领市场热点

在某些情况下，中线大牛股甚至能够引领市场热点并带动相关板块或行业的股票上涨。这些股票往往具有独特的题材或概念，能够吸引大量投资者的关注和资金流入。

四、投资者情绪

（一）投资者情绪高涨

中线大牛股在市场中能够得到投资者的较多关注。当市场对这些股票的关注度不断提高时，股价往往也会受到推动而上涨。此外，投资者的乐观预期和积极买入行为也会进一步推高股价。

（二）市场认可度提升

随着股价不断上涨，中线大牛股的市场认可度也在不断提高，会有更多投资者关注和更多资金流入，从而形成良性循环并推动股价持续上涨。

五、技术形态

从技术形态上看，中线大牛股往往呈现出良好的上升趋势。股价在上涨过程中通常会形成一系列支撑位，并且能够在回调到支撑位后迅速恢复上涨趋势。此外，这些股票的成交量也往往会随着股价的上涨而逐步放大。

综上所述，中线大牛股通常具有显著的市场特征，包括股价显著上涨、公司有基本面支撑、顺应市场趋势以及投资者情绪高涨等。然而，需要注意的是，这些特征并非一成不变，而是随着市场环境的变化而变化。因此，投资者在寻找中线大牛股时需要保持谨慎态度并密切关注市场动态。

第四节 相关个股的案例分析

前文提到的悦心健康在进入 2021 年 3 月下旬后展开了一轮持续放量拉升，短短 1 个多月的时间股价便实现了翻倍，成了市场上耀眼的中线大牛股。下面我们详细分析其背后原因和具体走势。

一、背后原因

前文已经详细分析了该股在大涨之前的基本面和走势，可以说该股已经做好了低位启动的充分准备，仅仅缺少一个带动股价大涨的外部因素。就在此时，该公司接连公告了两个重大利好消息：一个是 2021 年 3 月 23 日公告了关于非公开发行股票的申请获得中国证监会发审委通过的消息，另一个是同月 29 日公告了 2020 年年报摘要，透露了公司净利润大增 50%以上的消息。这就属于带动股价大涨的因素中的第二种“公司基本面出现重大改善”的情况。

二、具体走势

下面我们再来看看该股启动前后的走势，见图 1-4-1。

图 1-4-1 是悦心健康的日 K 线图，图中时间跨度为 2020 年 2 月至 2021 年 6 月。图中已经标示出 2021 年 3 月 18 日股价突然涨停，这时候公司还未正式公告任何利好消息，但是已有先知先觉的市场资金提前买入该股。此后，股价连续调整了 6 个交易日，其间的 3 月 23 日公司公告了非公开发行股票获批的重大利好，但是市场似乎仍然不为所动，当天股价甚至还出现了小幅回落，这是主力资金典型的洗盘手法。直到股价爆发启动的前一个交易日（3 月 26 日）才再次放量走出

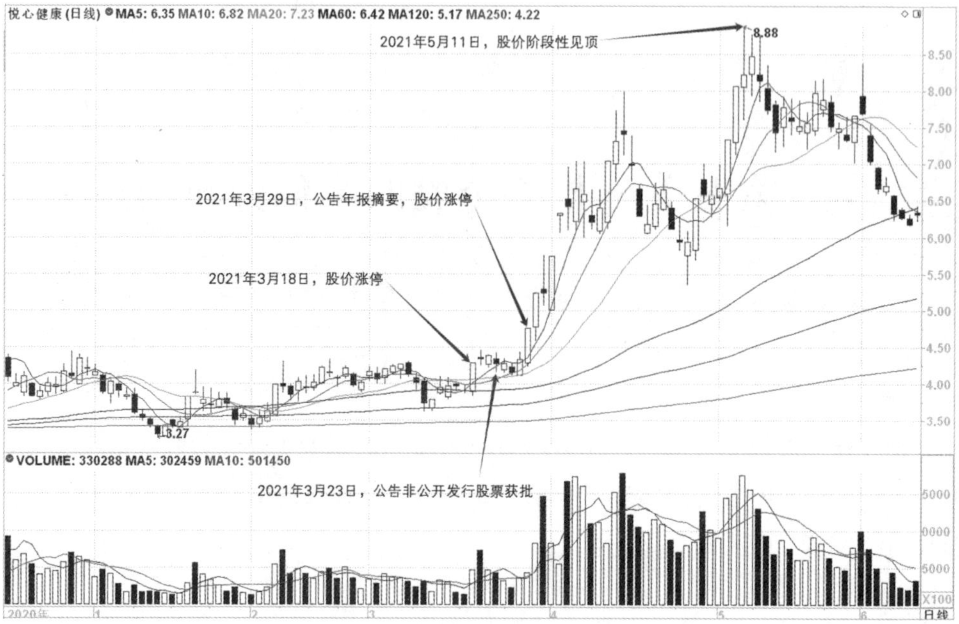

图 1-4-1 悦心健康（002162）日 K 线（3）

中阳线。紧接着，3 月 29 日公司发布了年报摘要，称净利润大增 50%以上，当天股价放量涨停，从此开始了连续放量大涨的步伐，至 5 月 11 日达到阶段性高点 8.88 元，在 1 个多月的时间里股价就实现了翻倍。

第二章
黄金分割位识别中线大牛股

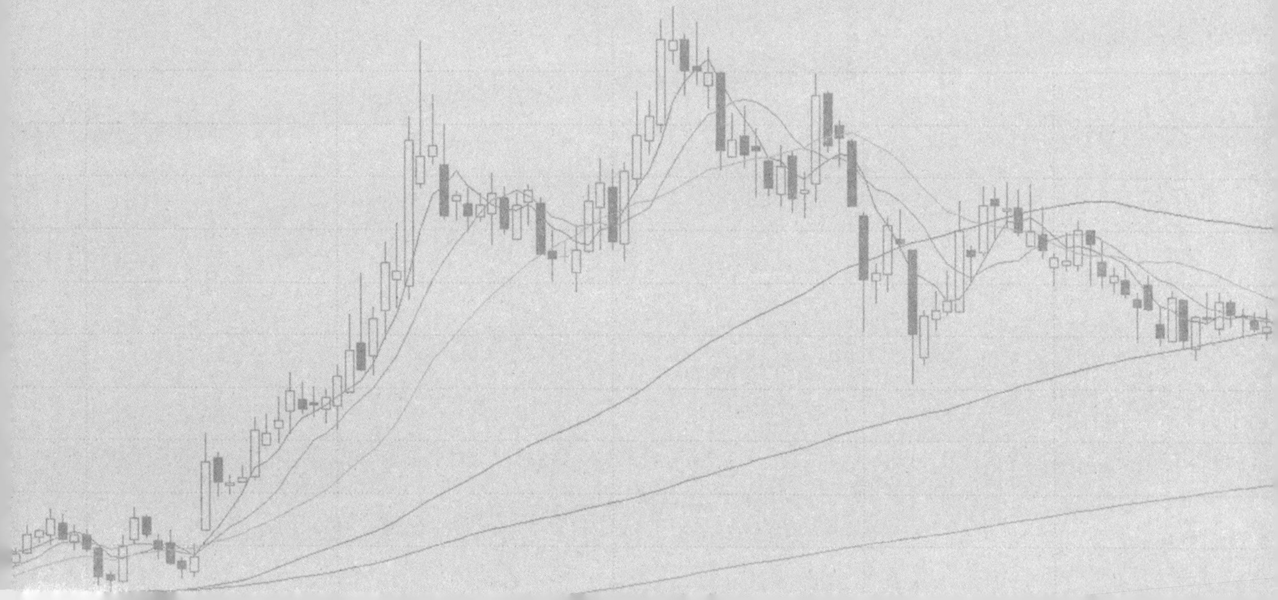

黄金分割在自然界广泛地存在着，它体现了一种和谐之美。在股市交易中，黄金分割也发挥着神奇的作用，黄金分割股票技术被很多投资者喜欢和使用。

第一节 黄金分割位的基本概念和应用

一、基本概念

黄金分割位是根据黄金分割比例计算出的价位。在交易中，黄金分割位通常被视为支撑位或压力位。

黄金分割比例是比值约为 0.618 的比例，它是广泛存在于自然界事物中的一种数学比例关系。具体来说就是事物内部较大部分与其整体的比例、较小部分与较大部分的比例都约是 0.618∶1，这是一个非常神奇的比例。另外，在金融市场分析中，一个数字的一半，也是一个重要的数字。人们通常也把比值 0.5 归为一个特殊的黄金分割比例。同理，一个数字与其整数倍的比值也可以归为特殊的黄金分割比例。

以下是一些黄金分割在自然界中的体现。

（一）植物的生长模式

1. 叶片排列

许多植物的叶片是按黄金分割角度分布的，即相邻两片叶子之间的夹角约为 137.5°，而 137.5°：（360°－137.5°）≈0.618，这种排列方式最有利于采光和通风。

2. 花朵与枝干

许多植物的花朵和枝干都与黄金分割有关联。例如，菊花的花瓣数量通常为 21、34 或 55，这些数字都是斐波那契数列中的数字，而斐波那契数列与黄金分割密切相关。此外，树干和树枝的分叉角度也往往符合黄金分割规律。

3. 螺旋状生长

一些植物的某个部位呈螺旋状的结构，如向日葵的花盘和松果，这些螺旋状的结构也遵循着黄金分割的比例规律。

（二）动物的身体比例

1. 身体结构

许多动物的身体比例符合黄金分割比例。例如，大象的身高与体长之比、一些鱼类的尾巴与身体长度之比近似于0.618∶1，都呈现出黄金分割的比例特征。

2. 外壳与鳞片

在一些动物的外壳或鳞片排列上也能看到黄金分割的现象。例如，鹦鹉螺身上每一圈螺纹与相邻的更大一圈螺纹的直径之比近似于0.618∶1，整体上是一个黄金螺旋。

（三）天文与自然现象

1. 星系结构

银河系等螺旋星系的形状和黄金螺旋线完全一样。在宇宙中任何螺旋星系上都可以画出黄金矩形，这种矩形的短边和长边之比约为0.618∶1。

2. 自然现象

一些自然现象，如台风、龙卷风等，其形状和路径也往往呈现出一圈圈按照黄金分割比例放大的特征。

（四）人体美学

1. 身体比例

人体某些部位的比例可能接近黄金分割比例。例如，部分人的头顶到肚脐与肚脐到脚底的长度之比约为0.618∶1。在艺术解剖学中，接近这一比例的身材常被认为更具视觉和谐感。

2. 面部美学

例如，在人脸的宽度与长度的比例，以及发际线至眉毛与眉毛至下巴的长度比例等都符合黄金分割比例的情况下，面部看起来会更具美感。

二、在股市中的应用

有趣的是，在股市交易中，价格的波动往往也遵循着黄金分割的规律。投资者可以利用这个规律来制定更为科学的投资策略。以下是黄金分割在股市中的详细应用。

（一）识别支撑位和阻力位

股价的波动往往呈现出一定的规律性。通过对股价的历史高点和历史低点之间的价格区间进行黄金分割，投资者可以得到一系列的支撑位和阻力位。这些位置往往是股价反转的关键点，具有重要的参考价值。

1. 支撑位

股价下跌到某一黄金分割位时，可能会遇到较强的买盘支撑，从而止跌。

2. 阻力位

股价上涨到某一黄金分割位时，可能会遇到较强的卖盘压力，从而止升。

（二）预测股价涨跌目标位

当股价突破某一关键位后，投资者可以利用黄金分割比例来预测下一个可能的目标价位。例如，如果股价从低点上涨并突破了38.2%的阻力位，那么下一个目标可能是50%或61.8%的位置；反之亦然。这种方法有助于投资者制定更为明确的盈利目标或止损策略。

（三）辅助判断趋势

通过观察股价在黄金分割位上的表现，投资者还可以判断出股价的发展趋势。

1. 上升趋势

如果股价持续在某一黄金分割位之上运行，并且不断创出新高，那么这可能预示股价处于上升趋势中。此时，投资者可以考虑逢低买入或继续持有股票。

2. 下降趋势

相反，如果股价持续在某一黄金分割位之下运行，并且不断创出新低，那么这可能预示股价处于下降趋势中。此时，投资者应该保持谨慎，不要盲目抄底。

（四）实战应用注意事项

虽然黄金分割位在股市中具有重要的应用价值，但投资者在应用时也需要注意以下几点。

1. 结合市场情况

黄金分割位的应用需要结合具体的市场情况进行灵活调整。不同的市场环境、行业特点和个股走势都可能影响黄金分割位的有效性。

2. 结合其他技术指标

投资者在应用黄金分割位时，应该结合其他技术指标和市场信息进行综合分析，以提高分析的准确性和可靠性。例如，可以结合均线、成交量、MACD 等指标来判断股价的走势。

3. 注意风险控制

任何投资都存在风险，投资者在应用黄金分割位进行投资决策时，也需要注意风险控制，合理设置止损点和盈利目标，避免因为盲目追求利润而忽视了风险。

三、实战使用方法

实战中，我们应用黄金分割位的方法有多种。其中一种是股价从高位回落后，我们可以计算股价从最高点到最低点一共跌了多少，然后再找出股价反弹至此跌幅 0.382 倍、0.5 倍、0.618 倍的位置。股价到达这些位置后，有可能发生掉头向下。

假设股价从最高点 30 元跌到最低点 10 元，那么一共跌了 20 元，20 元的 0.382 倍等于 7.64 元，20 元的 0.5 倍等于 10 元，20 元的 0.618 倍等于 12.36 元。股价反弹到了 17.64 元（10 元+7.64 元）的位置就遇到第一个黄金分割位，到这里可能反弹到位，转为继续下跌；如果股价有效突破了 17.64 元，那么这个价格就成了股价的支撑位，下一个黄金分割位就是 20 元（10 元+10 元）的位置。如果股价反弹到了 20 元的位置，也很可能反弹到位，转头向下；如果股价反弹突破了 20 元，那么 20 元就会成为股价的支撑位，下一个黄金分割位就是 22.36 元（10 元+12.36 元）的位置。股价反弹到了 22.36 元就碰到了反弹的最后一个黄金分割位，这里很可能会成为反弹结束的位置；而如果股价继续突破 22.36 元，那么下一步则很可能会站上 30 元的位置。

但是这种方法有一个难以克服的缺陷，那就是股价一波一波连续下跌之后，在前面会出现许多个波段顶点，而最低点只有一个，到底选择哪一个顶点来进行计算就成为最大的问题，因为我们无法判断这一次的反弹是针对哪一次的下跌进行的反弹。如果级别选择错误，最后的结果就大相径庭了。所以这种方法只适用于股价明显只有一波连续下跌的情况。

还有另外一种更简便的应用方法。我们不需要寻找最高点，只需要根据最低点来进行计算即可。

具体来说，股价从最低点向上反弹，涨幅达到最低点的 0.382 倍的位置就是第一个黄金分割位，涨幅达到最低点的 0.5 倍的位置就是第二个黄金分割位，涨幅达到最低点的 0.618 倍的位置就是第三个黄金分割位，涨幅达到最低点的 1 倍的位置就是第四个黄金分割位，涨幅达到最低点的 2 倍的位置就是第五个黄金分割位，涨幅达到最低点的 3 倍的位置就是第六个黄金分割位，涨幅达到最低点的 4 倍的位置就是第七个黄金分割位，以此类推。

值得注意的是，每一个黄金分割位都可能是股价反弹结束的位置，但是股价一旦有效突破了某个黄金分割位，那么这个位置就转变为股价的支撑位。假设股价回落形成的最低点是 10 元，那么当股价涨幅达到最低点的 0.382 倍，也就是达到 13.82 元（10 元+3.82 元）的时候，就到达了第一个黄金分割位；当股价涨幅达到最低点的 0.5 倍，也就是达到 15 元（10 元+5 元）的时候，就到达了第二个黄金分割位；当股价涨幅达到最低点的 0.618 倍，也就是 16.18 元（10 元+6.18 元）的时候，就到达了第三个黄金分割位；当股价涨幅达到最低点的 1 倍，也就是 20 元（10 元+10 元）的时候，就到达了第四个黄金分割位；当股价涨幅达到最低点的 2 倍，也就是 30 元（10 元+20 元）的时候，就到达了第五个黄金分割位；当股价涨幅达到最低点的 3 倍，也就是 40 元（10 元+30 元）的时候，就到达了第六个黄金分割位；当股价涨幅达到回落位最低点的 4 倍，也就是 50 元（10 元+40 元）的时候，就到达了第七个黄金分割位，以此类推。

第二种方法的好处显而易见，我们只需要找到回落后的最低点就可以计算股价反弹可能达到的位置了，不需要配合最高点来计算，更加简便易行，也方便编制技术指标进行分析，这对我们操作中线大牛股非常有用。

第二节 黄金分割位叠加公式

为了可以更加直观地看到黄金分割位，我用通达信软件的指标公式编辑器编制了一个简单的指标，其作用是标示出自 500 个交易日内最低点起第一个至第五个黄金分割位。公式内容如下，见图 2-2-1。

图 2-2-1 指标公式编辑器

从图 2-2-1 可以看到，这个公式中，我选取了 500 个交易日内的最低点，再分别乘以 1.382、1.5、1.618、2、3，运行结果是在 K 线图上画出 5 条线，分别是 L1、L2、L3、L4 和 L5。

为什么没有要求画出更多的线呢？因为线太多会影响观察。因为多数中线大牛股上涨的空间都是达到第五个黄金分割位的附近，所以这个指标已经适合多数股票。等到股价向上突破了 L5，我们可以再加上 L6、L7……

后文中，有需要的时候我会加上 L6 乃至更多的线，就不再专门说明了。另外，我选取 500 个交易日也就是大概 2 年的时间，主要是因为中线大牛股在此期间跌到最低点之后一般都会在 2 年之内走出暴涨行情，我们分析在此期间最低点之后 2 年内的阻力位已经足够了。

下面我们来看黄金分割位叠加个股 K 线图的情况，见图 2-2-2。

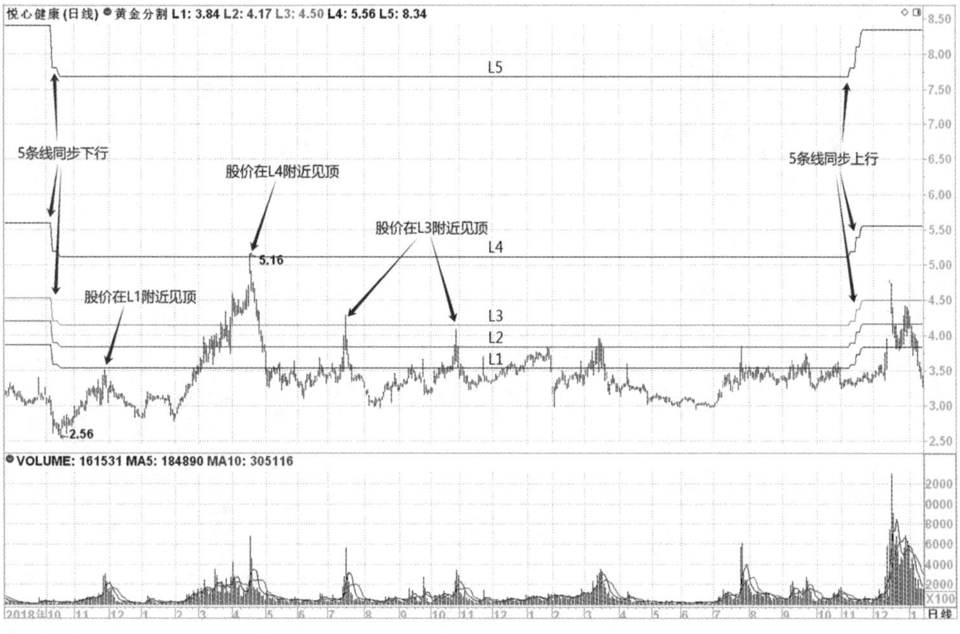

图 2-2-2 悦心健康（002162）日 K 线（4）

图 2-2-2 是悦心健康的日 K 线图，图中时间跨度为 2018 年 8 月至 2021 年 1 月。可以看到，图中除了 K 线之外就是我标注的 5 条线了。这 5 条线从下往上依次是 L1、L2、L3、L4、L5。

在图的左边 5 条线出现了同步下行的现象，主要是因为当时的股价跌破了之前的最低点并连创新低。我们的公式是最近 500 个交易日的最低点乘以相应的倍数，最低点连续下行，5 条线就会跟着同步下行。在图的右边又出现了 5 条线同步上行的现象，这是因为那个时间离图中股价最低点出现的时间超过 500 个交易日了，所以纳入统计的最低点就逐步抬高，相应的 5 条线的位置也跟着抬高了。在中间大部分时间里，这 5 条线的位置都是不变的。

我们可以看到，股价从此期间最低点开始反弹，第一次达到 L1 的附近出现了见顶回落，此后下跌没有创新低又开始了一波本图中最长时间的连续拉升，连续突破了 L1、L2、L3 三条线，最后盘中突破了 L4 才见顶下跌。这一次反弹股价刚好冲到 L4 附近，但是没有向上突破，所以还不算是中线大牛股的行情。此后股价回落到 L1 下方横盘，之后再一次反弹，盘中突破 L3 后见顶回落。

从该股的走势可以发现，黄金分割位对股价反弹的点位判断还是有很高的参考价值的，每次股价反弹到其中之一的附近都会受到较大阻力，如果不能冲破并站稳就很可能阶段性见顶。

第三节 用黄金分割位分析中线大牛股的走势特点

图 2-2-2 中的个股走势还算不上是中线大牛股的走势。下面我们用黄金分割位来分析中线大牛股的走势特点，见图 2-3-1。

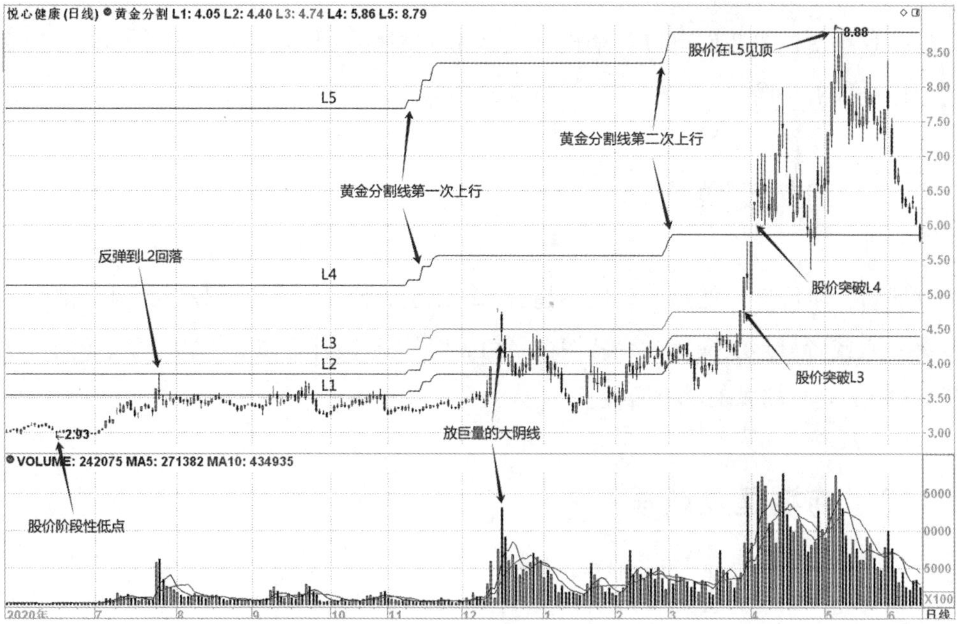

图 2-3-1 悦心健康（002162）日 K 线（5）

图 2-3-1 是悦心健康的日 K 线图，图中时间跨度为 2020 年 6 月至 2021 年 6 月。从 2020 年 6 月的阶段性低点 2. 93 元到 2021 年 5 月的高点 8. 88 元，在大约 1 年时间里，悦心健康的涨幅最高达到了 200%。这一次的涨幅就可以称得上是一只中线大牛股的涨幅了。

在图的左边，股价创下了阶段性最低点 2.93 元，然后持续反弹至 L2 附近，遇到阻力后重新回落到 L1 下方并低位横盘了 4 个多月，这一波反弹只是大资金在试探性建仓。在图的中间位置，5 条黄金分割线第一次上行，说明股价的阶段性最低点在 500 个交易日前有一次抬高。2020 年 12 月，股价突然拉出 3 个涨停板，第三个涨停板盘中打开但又迅速封住，刚好站到了 L3 上方，但是紧接着下一个交易日就低开低走并放巨量收出大阴线，这就是前文说的大资金建仓的手法。此后股价反复下跌洗盘，时间长达 3 个月。到了 2021 年 3 月，5 条黄金分割线第二次上行，说明 500 个交易日前股价的阶段性最低点再一次抬升，在此以后的黄金分割位就是根据图中最低点 2.93 元计算得到的结果了。不久，股价开始拉升，一根大阳线完全收复了放量大阴线并刚好站上 L3，这就是中线大牛股主升浪开始的标志。之后股价顺势拉升半个月左右，并一鼓作气突破了 L4，突破后股价有一波连续下跌，回踩至 L4 附近，得到支撑后又拉升一波并再创新高，最终在 L5 附近见顶。

从这个案例，我们可以总结出，从黄金分割位的视角来看，中线大牛股的走势可以分为五个阶段。

一、弱势反弹阶段

股价从阶段性最低点反弹但不超过 L2 的情况都属于弱势反弹，此时大资金还没有介入或者只是试探性建仓。图 2-3-1 中，从阶段性低点 2.93 元至股价第一次反弹到 L2 之前都属于这个阶段。

二、前期建仓阶段

大资金开始建仓会促使股价反弹到 L1 以上，但不会突破 L3，然后再反复回落洗盘。图 2-3-1 中，股价从第一次反弹到结束到收出巨量大阴线之前都属于这个阶段。这个阶段的平均成交量相较于弱势反弹阶段明显放大。

三、重点建仓阶段

经过前期建仓阶段后，大资金的仓位还是不够大，因为这个阶段的股价涨幅不大，大量散户不愿意卖出手中的股票，这就需要进一步建仓，才能拿到更多的低位筹码。图 2-3-1 中，从 2020 年 12 月开始放量拉升，直到 2020 年 3 月底突破 L3 之前都属于这个阶段。这个阶段股价明显更加活跃，反弹高度可以达到 L3 以上，甚至可以达到 L4 以上。这个阶段是大资金的重点建仓阶段，因此这个阶段的股价越高，大资金的建仓成本也就越高，后市上涨的幅度也就越大。

这个阶段的成交量又相较前期建仓阶段明显放大，这样方便大资金建仓。值得注意的是，股价大涨后还要反复洗盘、反复回踩甚至跌破已经站上的 L3 或者 L2、L1。一方面，主力要测试上方抛盘的大小；另一方面，顺便把跟风买入的短线客洗出去。

四、拉升阶段

洗盘结束后，股价再次快速拉升突破重点建仓阶段的高点就是主升浪开始之时，此时应该果断买入。图 2-3-1 中，股价第二次放量突破 L3 直到 L5 见顶，就属于拉升阶段。中线大牛股的拉升阶段一定会有效突破 L3 并站上 L4，否则拉升失败。最终上涨的高度至少会达到 L5 附近。

五、见顶阶段

中线大牛股突破 L4 后遇到的第一个强阻力位是 L5，股价到了 L5 附近如果成交量不能跟随放大，或者其他技术指标有见顶的迹象，投资者就要注意可能见顶了。如果强势突破 L5，那么最终的拉升高点就可能在下一个黄金分割位，以此类推。

需要指出的是，图 2-3-1 中第二阶段和第三阶段的区别非常明显，但是有些股票这两个阶段的走势可能没有明显的区别，有的甚至无法划分，那么就可能出现第二阶段和第三阶段混合在一起的情况，这种情况下股价反复震荡持续的时间就会很长。

第四节　相关个股的案例分析

前面，我们总结了中线大牛股从见底到见顶可以分为五个阶段。下面我们再选取近几年市场中的一只中线大牛股来进行分析，看看黄金分割位在中线大牛股上涨过程中的应用。

接下来，我们来看看 2022 年的中线大牛股绿康生化的走势图，见图 2-4-1。

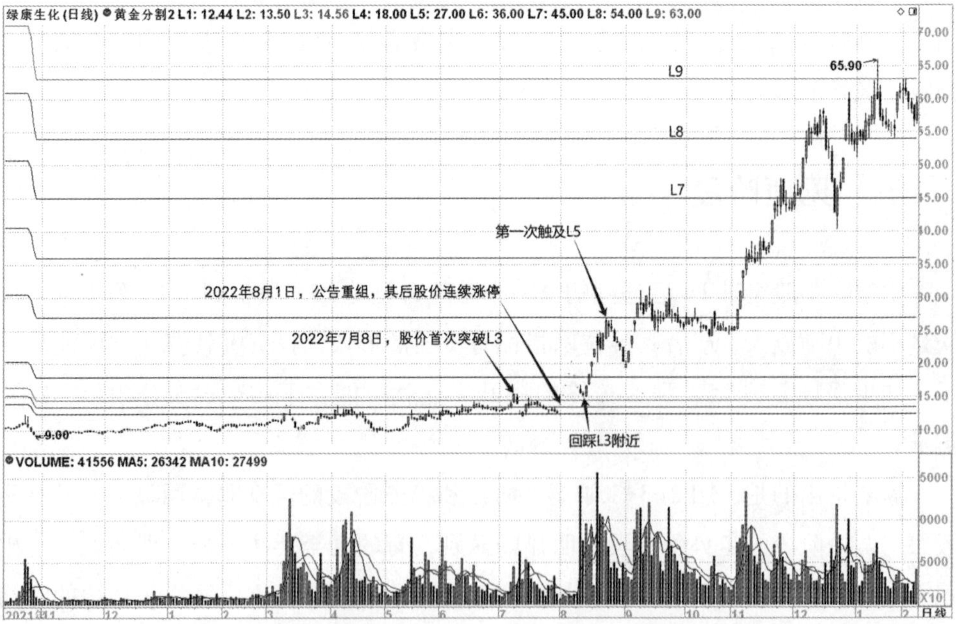

图 2-4-1　绿康生化（002868）日 K 线

图 2-4-1 是绿康生化的日 K 线图，图中时间跨度为 2021 年 10 月至 2023 年 2 月。从中可以看到，该股在 2022 年 7 月之前从最低点 9 元反弹后一直在低位盘整，股价偶尔向上突破阻力位 L1 就很快又回落，直到 2022 年 7 月 8 日股价才第

一次向上突破 L3，说明有大资金开始建仓了。此后，股价又迅速回落，但是在 L1 附近获得支撑并反弹，之后的一段时间里股价在 L1 至 L3 之间窄幅震荡，这个区间就是主力的建仓区间。

到了 2022 年 8 月 1 日，该公司突然公布了《关于签订〈股份转让及资产置出的合作框架协议〉暨关联交易的提示性公告》，以及《关于签订〈资产收购的合作框架协议〉的提示性公告》，宣告公司开始重大资产重组，当天股价一字板涨停，并且以连续 5 个一字板涨停突破了 L4。5 个涨停板后风云突变，该股突然走出两个一字跌停板，第三天跌停板打开放出巨量，第四天继续小幅回落，股价也回到了 L3 附近。这一次下跌是主力拉升突破之后的强力洗盘，股价回踩至 L3 附近就是良好的买入机会。此后，股价再次连续涨停，一口气拉升到 L5 附近，然后非常精准地见顶回落。这一次连续杀跌回到了前面第五个涨停板的下方，但是没有跌破 L4，然后又再次连续涨停并突破 L5。这一次股价站上 L5 之后没有接近 L6 就又回到 L5 附近并反复震荡了 2 个多月。此后，股价又再次向上拉升，直到 L9 附近才最终见顶。这期间，在经过 L6、L7、L8 的时候，股价都明显遇到了阻力，要么在阻力位附近连续震荡盘整一段时间消化阻力，要么先突破阻力位后再回踩支撑位。

绿康生化的暴涨属于公司基本面出现重大改善带动股价大涨。由于该股在启动之前低位横盘的时间非常长，股价的估值也足够低，公司的重组对基本面的改善也非常大，所以股价上涨的时间和幅度都非常大，最终上涨到 L9 附近，最高涨幅超过 600%，由此可见中线大牛股的牛劲。

第三章

波浪理论预判中线大牛股

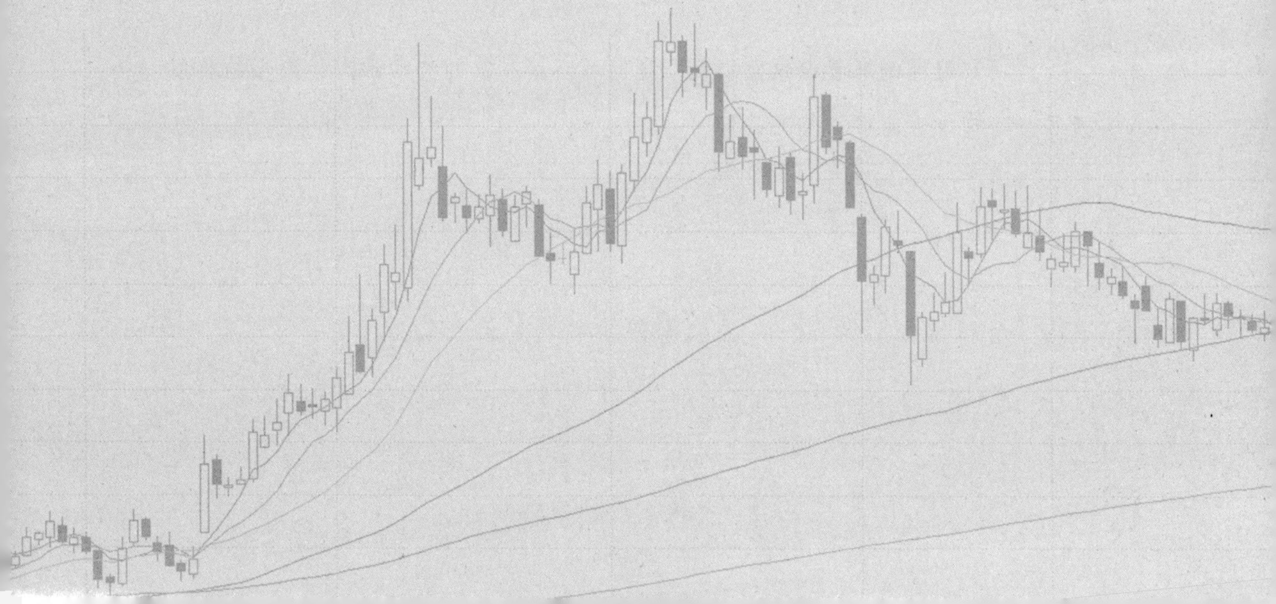

波浪理论是最早由美国投资家艾略特在20世纪30年代至40年代提出，后逐步得到完善的一个针对股票走势进行分析的投资理论，所以又叫艾略特波浪理论。波浪理论的源头是道氏理论。道氏理论提出了股价运行存在着趋势，趋势分为主要趋势、中期趋势、短期趋势等，但是它仅仅是一个大框架，没有提出如何具体划分趋势，波浪理论在这个基础上对趋势进行了详细的划分，利用数学工具完善了趋势分析方法，对投资者分析股价运行有很好的帮助。股市上有句谚语："道氏理论告诉人们何为大海，而波浪理论则指导我们如何在大海上冲浪。"

波浪理论认为，股价的波动趋势是可以预测的，因为股价的涨跌反映了投资者的群体行为，而群体行为是可以预测的。所以，参与的投资者越多，股价的走势就越能够呈现出有规律的特征，用波浪理论来进行分析也就越有效。

波浪理论的核心观点认为股价的走势就像海洋的潮汐一样，是按照一定的波浪形态不断循环的过程，而且股价的每一个波浪形态又可以细分为更小一级的多个波浪形态，同理，股价的多个波浪形态也可以组合成为更大一级的一个波浪形态。从这一点来看，波浪理论与我国的道家思想非常契合，都强调事物的运行规律呈现周期性循环的特征；不同的是，波浪理论提出了一套具体划分波浪的方法。在本章，我主要运用波浪理论来分析预判中线大牛股的上涨目标位。

运用波浪理论来看中线大牛股，我们可以从股价的波动形态、浪形结构以及市场心理等方面进行深入分析。

第一节 波浪的基本结构

波浪理论认为，股价的运行可以分为驱动浪和调整浪两个基本形态，驱动浪可以分为5个子浪，调整浪可以分为3个子浪，总共8个子浪，它们共同形成一个完整的循环。大的浪形可以细分为更小的浪形，小的浪形也可以组合成更大的浪形。时间的长短不改变波浪的形态，也就是说波浪的形态主要看股价的变动幅度，时间则可长可短。

一、牛市基本浪形

在牛市中驱动浪是上升五浪，调整浪是下跌三浪，调整浪的低点高于驱动浪的低点，见图3-1-1。

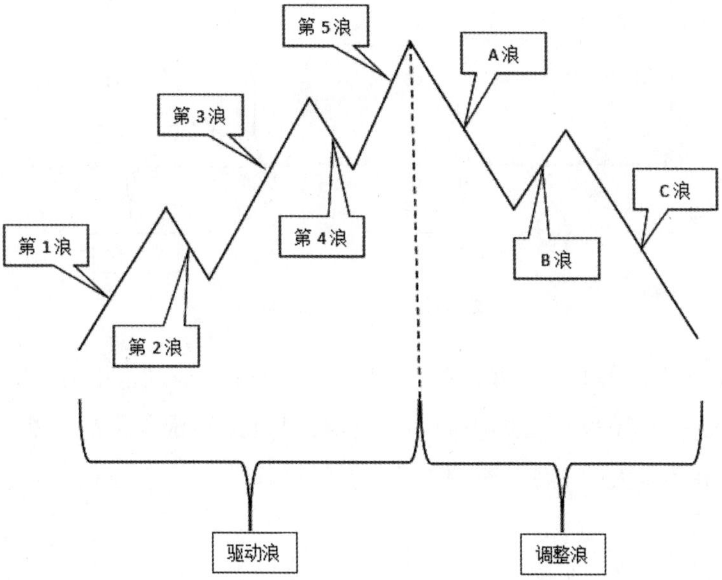

图3-1-1 牛市八浪结构

图 3-1-1 中，第 1 浪至第 5 浪组合成一个大的上涨驱动浪；A、B、C 三浪组合成一个大的下跌调整浪。在大的上涨驱动浪下面的子浪中，第 1 浪、第 3 浪、第 5 浪是上升浪，其方向和牛市向上的总体方向一致，所以是上涨驱动浪中的小驱动浪，第 2 浪、第 4 浪是下跌浪，其方向和牛市的总体方向相反，所以是上涨驱动浪中的小调整浪。在大的下跌调整浪中，A 浪、C 浪是下跌浪，其方向和下跌调整的大方向一致，所以是下跌调整浪中的小驱动浪；B 浪是上升浪，其方向和下跌大方向相反，所以是下跌调整浪中的小调整浪。

二、熊市基本浪形

熊市中，图形就会反过来，驱动浪是下跌五浪，调整浪是上升三浪，调整浪的高点低于驱动浪的高点，见图 3-1-2。

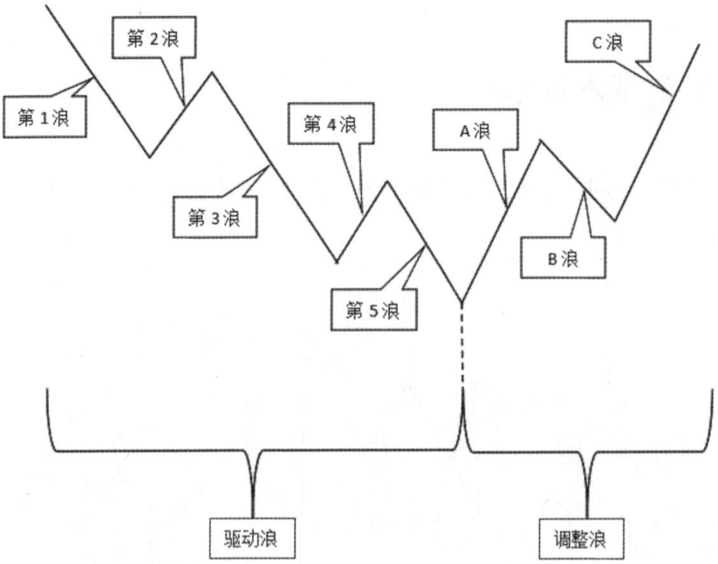

图 3-1-2 熊市八浪结构

图 3-1-2 中，第 1 浪、第 3 浪、第 5 浪是大的下跌驱动浪中的小驱动浪，第 2 浪、第 4 浪是大的下跌驱动浪中的小调整浪；A 浪、C 浪是大的上涨调整浪中的小驱动浪，B 浪是大的上涨调整浪中的小调整浪。

三、大浪形细分为小浪形

子浪又可以细分为更小的八个浪形，同样是“5+3”的浪形结构。例如，在牛市基本浪形的8个子浪（牛市八浪）之中，第1浪因为是大的驱动浪之中的小驱动浪，所以可以细分为①、②、③、④、⑤五个小浪形；第2浪因为是大的驱动浪之中的小调整浪，所以可以细分为a、b、c三个小浪形。同理，第3浪和第5浪也可以各自分为①、②、③、④、⑤五个小浪形；第4浪也可以分为a、b、c三个小浪形。A浪和C浪因为是大的调整浪之中的小驱动浪，所以也应该分为①、②、③、④、⑤五个小浪形，而B浪就应该分为a、b、c三个小浪形。见图3-1-3。

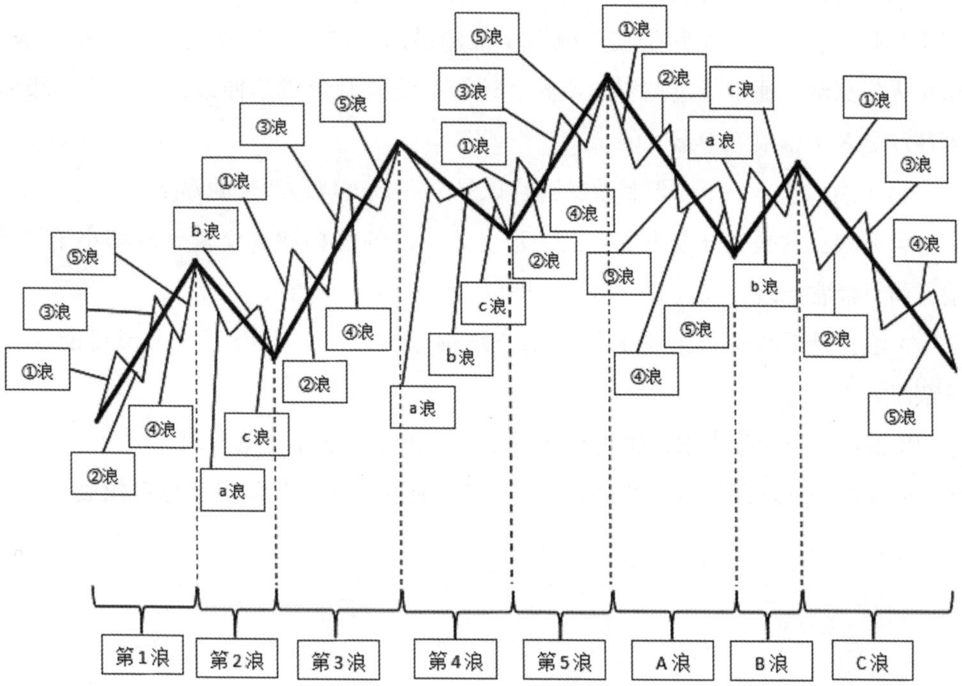

图3-1-3 牛市八浪细分小浪形结构

图3-1-3是牛市基本八浪再细分小浪形的示意图，其中第1浪、第3浪、第5浪、A浪和C浪是小的驱动浪，都可以再细分为5个小浪形；第2浪、第4浪和B浪是小的调整浪，都可以再细分为3个小浪形。

四、各子浪的特点

8 个子浪都各有其特点，主要体现在形态、幅度、速度以及出现的顺序上。下面我们以牛市八浪为例说明。

第 1 浪：这是下跌趋势结束后的初步上涨，此时大部分投资者还心有余悸，敢于跟随的人并不多，成交量只是温和放大，所以这一浪的上涨幅度和成交量往往都小于第 3 浪和第 5 浪，且内部出现的小浪形通常也以复杂形态出现。

第 2 浪：这是初步上涨之后的下跌，此时许多投资者可能会认为熊市还没有结束，所以纷纷卖出股票，股价回撤吞掉第 1 浪的大部分涨幅。内部小浪形通常为锯齿形。

第 3 浪：又被称为主升浪。此时股价上涨动力强劲，除了其间的略微修整外基本都是持续拉升，尤其是在突破第 1 浪的最高点的时候往往是放量一举突破，市场人气高涨。通常经过短暂的调整后还会继续拉升形成延伸浪，最后的上涨幅度往往是 8 个子浪之中最大的。

第 4 浪：这是一个小调整浪，通常以复杂形态出现，调整的幅度较大。

第 5 浪：这是上升浪中的最后一浪。这一浪的涨幅和成交量一般都小于第 3 浪，而且经常出现冲高失败的情况，即以顶背离的形式结束。

A 浪：是下跌调整浪中的第 1 浪，跌幅通常较大，且内部小浪形可能较为复杂。

B 浪：是一个反弹浪，出现在 A 浪之后，涨幅一般小于第 5 浪。

C 浪：是下跌调整浪中的最后一浪，跌幅通常最大，持续时间也可能最长。

第二节 浪形划分方法

一、浪形各子浪之间的关系

波浪理论要求八个子浪之间必须符合一定的数学关系。以牛市八浪为例，具体来说有以下几个要点：

（1）第 2 浪调整不能回到第 1 浪的起点。

也就是说牛市八浪中第 2 浪下跌不能把第 1 浪上涨的幅度全部跌完，否则股价就会再创新低，就要在新的低点重新数第 1 浪。一般来说，第 2 浪的长度与第 1 浪的长度之比应大致符合黄金比例 0.382∶1、0.5∶1 或者 0.618∶1。

（2）第 4 浪调整不能回到第 3 浪的起点。

同样的道理，牛市八浪中第 4 浪下跌不能把第 3 浪上涨的幅度全部跌完。如果全部跌完就意味着上涨结束了。一般来说，第 4 浪的长度与第 3 浪的长度之比应大致符合黄金比例 0.382∶1、0.5∶1 或者 0.618∶1。

（3）第 3 浪不能是最短的。

通常来说，第 3 浪都是最长的，也就是说第 3 浪上涨的幅度是最大的，必须超过第 1 浪和第 5 浪的涨幅。

（4）第 4 浪的低点不能低于第 1 浪的顶点。

如果跌破的话，说明上涨趋势被破坏了，就要重新数浪。

（5）第 1 浪、第 3 浪、第 5 浪之中至少有一个会走出延伸浪。

一般来说，延伸浪会出现在第 3 浪，有一些活跃的股票则会出现在第 5 浪。并且，没有走出延伸浪的另外两个浪的长度基本一样。

（6）股价运行方式交替出现。

如果第1浪是很流畅的拉升，那么第3浪往往就会是以“进二退一”的方式向上拉升。第2浪如果是简单的下跌形态，那么第4浪往往就是复杂的调整形态。另外，两个相邻的小驱动浪其股价见顶的方式通常会不一样，如果一个是单日冲高见顶，那么另一个就可能是圆弧顶。

二、浪形划分

（一）驱动浪与调整浪

驱动浪：包括第1浪、第3浪、第5浪以及A、C浪，它们与市场的主要趋势方向一致。

调整浪：包括第2浪、第4浪以及B浪，它们与市场的主要趋势方向相反，起到调整和修正的作用。

（二）浪形子浪的比例关系

见前述。

（三）浪形子浪的时间周期

各个子浪通常会遵循特定的时间周期。例如，第1浪和第3浪的时间周期之比可能符合黄金分割的比例关系。投资者可以通过观察时间周期来辅助判断浪形的演变。

三、浪形划分的注意事项

（一）灵活性

在实际交易中，浪形可能并不总是呈完美的八浪形态，因此，投资者在应用波浪理论时需要保持一定的灵活性，根据实际情况进行调整。

（二）结合其他分析工具

浪形划分并不是孤立的分析工具。投资者可以将其与其他技术指标、市场信息和基本面相结合，以提高分析的准确性和可靠性。本书主要结合黄金分割位来进行分析。

（三）风险控制

在进行浪形划分时，投资者需要时刻关注市场的风险。如果浪形划分出现失误或市场出现突发事件，投资者就需要及时调整投资策略并严格控制风险。

四、延伸浪

（一）延伸浪的定义与特征

1. 定义

延伸浪是在一个五浪结构（八浪中的前五浪）中出现的特殊浪形，指某个持续时间比预期更久的子浪。

2. 特征

长度扩大：延伸浪的长度明显大于其他子浪，这是其最显著的特征。

情绪极端：延伸浪的出现往往伴随着市场情绪的极度乐观或悲观，同时股价也跟着出现更长时间的较大波动。

结构变异：在延伸浪的影响下，整个波浪结构的形态可能发生变化，形成特殊形态。

（二）延伸浪的识别方法

1. 观察子浪形态

投资者可以通过观察子浪形态来判断是否出现了延伸浪。如果第 3 浪的长度明显大于第 1 浪，或第 5 浪的长度明显大于第 3 浪，那么很可能出现了延伸浪。

2. 结合成交量分析

成交量是反映市场活跃程度的重要指标。在延伸浪出现时，成交量往往会明显放大。因此，投资者可以结合成交量分析来判断是否出现了延伸浪。如果第 3 浪的成交量明显大于第 2 浪，或第 5 浪的成交量明显大于第 4 浪，那么很可能是走出了延伸浪。

3. 利用黄金分割比例

黄金分割比例在波浪理论中也有非常重要的运用。通常情况下，若第 3 浪是延伸浪，那么其长度约为第 1 浪长度的 1.618 倍，而若第 5 浪是延伸浪，那么其长度约为第 3 浪长度的 1.618 倍。

（三）延伸浪的市场意义

1. 趋势强化

延伸浪的出现往往意味着市场趋势得到强化。在上升趋势中，第 3 浪的延伸预示着价格可能继续上涨一波；在下降趋势中，第 5 浪的延伸预示着价格还将继续下跌更长时间。

2. 情绪极端

延伸浪反映出市场情绪极度乐观或极度悲观。这种情绪极端状态可能导致价格出现过度波动。因此，投资者需要密切关注延伸浪后的市场变化。

3. 交易机会

对于投资者而言，延伸浪提供了重要的交易机会。以牛市为例，在延伸浪初期，投资者可以顺势而为获取利润；在延伸浪末期，投资者则需要警惕市场反转的风险并及时调整策略。

（四）延伸浪的实战应用

在实战中，以牛市为例，当投资者观察到某只股票的第 3 浪出现了明显的延伸迹象时，可以判断该股票有望走出一波新的大涨。此时，投资者可以考虑顺势而为，买入该股票并持有至延伸浪结束。同理，如果投资者观察到某只股票的第 5 浪出现了延伸迹象，也可以采取类似的策略。

第三节　波浪理论中的市场心理分析

波浪理论中的市场心理分析是理解市场行为模式和预测价格走势的重要手段。它基于市场情绪和人类行为模式，认为股市的波动遵循一种可预测的、重复的波浪式起伏模式。以下是对波浪理论中市场心理分析知识的详细介绍。

一、市场心理分析要素

（一）群体心理的影响

波浪理论强调，市场行为反映了一切有效的信息，而市场行为又是由市场参与者的心理变化所驱动的。在股市中，投资者的情绪、预期和决策会相互影响，形成群体心理效应。

例如牛市中，在第 1 浪阶段，市场情绪往往偏悲观，只有少数投资者敢于大胆买入。直到第 3 浪开始后，随着价格的上涨，才有越来越多的投资者买入，市场情绪逐步走向乐观。

（二）心理预期的自我实现

波浪理论指出，市场趋势的形成和延续往往与投资者的心理预期密切相关。当所有投资者就涨跌方向形成一致的预期时，他们会采取相应的行动，从而推动市场朝着预期的方向发展。

例如牛市中，在第 3 浪阶段，市场情绪达到高潮，投资者普遍预期价格将继续上涨，这种强烈的心理预期将促使更多投资者追涨买入，从而推动价格进一步上涨。

（三）恐惧与贪婪的交替

波浪理论还揭示了市场参与者在面对价格波动时的恐惧与贪婪心理。以牛市为例，在调整浪阶段，投资者往往会因为害怕亏损而抛售股票，表现出恐惧心理；而在上升浪阶段，投资者则会因为股价不断上涨而追涨买入，表现出贪婪心理。

投资者恐惧与贪婪心理的交替出现，是造成市场波动的重要心理因素。

二、股价变化各阶段的投资者心理变化

（一）建仓与洗盘阶段

在波浪理论中，牛市八浪的第 1 浪和第 2 浪通常被视为建仓与洗盘阶段。在这一阶段，主力资金开始逐步吸筹，并通过打压股价来清洗浮筹和意志不坚定的投资者。

对于中线大牛股而言，建仓与洗盘阶段可能持续较长时间，且股价波动的幅度可能相对较大，也就是人们常说的宽幅震荡。这一阶段也是投资者积极布局入场的绝佳时机。

（二）主升浪阶段

以牛市为例，当股价进入第 3 浪主升浪阶段时，投资者的心理往往发生显著变化。此时，投资者情绪高涨，市场关注度急剧提升，成交量急剧放大。

需要指出的是，在这一阶段，投资者反而需要保持冷静和理性，避免被市场情绪所左右。与此同时，还要密切关注股价的波动形态和浪形结构变化，以便及时调整投资策略，思维切不可过于机械化。

（三）顶部信号与市场反转阶段

以牛市为例，在第 5 浪上升结束后，股价往往会出现见顶信号。此时，投资者需要密切关注股价的波动形态和浪形结构变化，以便及时识别顶部信号并卖出获利。

实战中，一旦股价跌破重要支撑位或形成明显的下跌浪形结构（如 A、B、C 三浪下跌），通常意味着市场反转已经到来，投资者需要果断止损并离场。

三、心理分析在股市中的应用

在实战中，投资者可以运用波浪理论来分析市场心理并制定相应的交易策略，尽可能提高胜率。其作用如下：

（一）判断市场情绪

投资者可通过观察市场的波动模式和成交量等指标，判断当前市场的情绪状态是乐观还是悲观。

（二）顺应市场趋势

投资者可根据波浪理论的分析结果，顺应市场趋势进行操作。在上升浪阶段持股待涨，在调整浪阶段保持空仓。

（三）控制风险

在运用波浪理论进行交易时，投资者需要设定合理的止损点位以控制风险。同时，也要保持冷静的头脑，避免因市场波动而冲动决策；否则，要么错失机会，要么遭受巨大亏损。

四、注意事项

尽管波浪理论在市场心理分析方面具有一定的优势，但在实战中，投资者需要注意以下两点：

（一）波浪划分的多样性

由于波浪理论在波浪划分上存在一定的主观性，不同的投资者可能会得出不同的划分结果。因此，投资者在应用时需要结合其他方法、技术指标以及市场情绪，进行综合判断，降低失误概率。

（二）市场的不确定性

股市是一个复杂且充满不确定性的市场，任何分析方法都无法做到百分之百准确。因此，投资者在应用波浪理论时需要保持灵活的态度，随时准备调整思路及交易策略，以应对市场变化。

综上所述，波浪理论的市场心理分析为投资者提供了一种深入理解市场行为模式和预测价格走势的方法。通过结合其他技术指标和市场情绪进行综合判断，投资者可以运用波浪理论来制定出相对有效的交易策略。

第四节　波浪理论的实战应用

一、如何用波浪理论进行实战

运用波浪理论进行实战分析时，投资者需要遵循一定的步骤和原则，尽可能准确地识别市场趋势，把握交易时机并控制风险。我经过多年实战总结，向读者朋友们分享以下详细的建议：

（一）理解波浪理论的基本结构

波浪理论的核心在于识别当前市场的波浪形态，以牛市为例，它包括五个上升子浪（第1浪、第2浪、第3浪、第4浪、第5浪）和三个下降子浪（A浪、B浪、C浪）。投资者需要充分理解这些波浪的基本结构和特征，例如第3浪通常是最长、最强劲的上升浪，而调整浪（A浪、B浪、C浪）则代表市场的回调和整理。

（二）观察市场走势并识别波浪

在实战中，投资者需要仔细观察股价的走势图，并尝试识别其中的波浪形态，包括确定每个波浪的起点、终点以及它们的长度和涨跌幅度。通过对比不同波浪之间的比例和关系，投资者可以更准确地判断股价的走势和可能的转折点。例如，如果股价正处于一个完整的五浪上升结构中，那么很可能将继续上涨；而如果股价已经完成了一个五浪上升和一个三浪调整，接下来则可能会进入一个长期的下降周期。

（三）制定投资策略，把握交易时机

根据波浪理论的原理和对市场走势的识别，投资者可以制定相应的投资策略。例如，在识别到一个完整的五浪上升结构后，应该选择在第 5 浪的顶部附近卖出股票，以锁定利润并规避接下来的风险。同样地，在识别到一个三浪调整结构后，应该选择在调整的底部附近买入股票，等待上涨。一旦制定了投资策略，投资者就需要把握具体的交易时机。在波浪理论中，每个波浪的起点和终点都是潜在的交易机会。此外，投资者还可以利用波浪理论中的回调和整理浪来寻找短线低吸高抛的机会。

（四）设置止损点位和止盈点位

在实战中，风险管理是至关重要的。有经验的投资者会为每笔交易设置合理的止损点位和止盈点位。在波浪理论中，止损点位可以设置在调整浪的低点或支撑位下方，而止盈点位则可以设置在预期的目标价位或阻力位上方。通过合理设置止损点位和止盈点位，投资者可以在控制风险的同时追求尽可能多的利润。股票投资总是伴随着风险，因此在应用波浪理论进行投资时，需要做好风险管理。具体步骤包括设置合理的止损点位、控制仓位以及避免过度交易等。同时，投资者还需要密切关注市场的变化，及时调整投资策略以应对可能出现的风险。

（五）结合其他分析工具

虽然波浪理论是一种强大的市场分析工具，但它并非万能的。在实战中，投资者还需要结合其他分析工具来提高分析的准确性和可靠性。例如，黄金分割位分析，各种技术指标如移动平均线、MACD 等的分析，以及基本面分析，都可以为波浪理论提供有益的补充。通过综合运用多种分析工具，投资者可以更全面地了解市场状况并做出更科学的交易决策。单一依靠一个理论进行交易，风险其实是很大的。

（六）保持耐心和遵守纪律

当然，投资者还需要保持耐心和遵守纪律。波浪理论的应用需要时间和经验的积累，投资者不能急于求成或盲目跟风。在实战中，投资者需要遵循自己的交易计划和纪律，绝对不能被市场的短期波动干扰心态，做出违背交易纪律的操作。

同时，投资者还需要不断学习和总结经验教训以提高自己的交易水平。对此，我的感受很深。在进入股市的前几年，我对几个指标运用得不错之后，就得意忘形，但随后的大幅亏损，让我终于清醒过来，股市每天千变万化，唯有持续学习，才能做到应对自如！

（七）学会参考历史案例

有经验的投资者都知道，股市中，有很多惊人的重复事件。在牛市中，市场可能会经历一个完整的五浪上升结构。在这种情况下，最理想的做法是在第 3 浪中的小 3 浪的起点买入，然后在第 5 浪中的小 5 浪的终点卖出，以获取最丰厚的利润。当然，在实际操作中投资者不可能做到这样完美，但善于从历史的经典走势中汲取营养，再结合其他分析工具，可以提高决策的正确性，降低失误的概率。

（八）持续学习和实践

股票投资是一个不断学习和实践的过程。在使用波浪理论进行投资时，投资者需要保持开放的心态，不断学习和探索新的知识和技巧。同时，还需要通过实践来检验和完善自己的投资策略，以提高投资的成功率和盈利能力。波浪理论也反映了市场参与者的心理和行为变化。例如牛市中，在第 3 浪也就是主升浪期间，市场情绪往往由牛市初期的悲观转变为极度乐观，投资者信心增强，推动股价大幅上涨。因此，在使用波浪理论进行投资时，投资者还需要关注市场心理和行为的变化，以更好地把握市场机会和防范风险。

综上所述，运用波浪理论进行实战分析需要投资者理解波浪理论的基本结构、观察市场走势并识别波浪、把握交易时机、设置止损点位和止盈点位、结合其他分析工具并保持耐心和遵守纪律等。只有通过不断学习和实践，投资者才能逐渐掌握波浪理论的精髓并在市场中获得稳定的回报。

二、中线大牛股的浪形分析

中线大牛股的浪形一波又一波地蓬勃向上，引领着投资者穿越波涛汹涌的市场。这类股票的走势通常精确遵循着波浪理论的形态轨迹，从整体来看都展现出五波上升、三波下降的壮丽图景。

首先，第 1 浪从最低点悄然转折向上，如同晨曦初露，蕴含着无限生机，同时预示着上升趋势的开启。它的脚步虽然略显蹒跚，却是市场对新趋势的初步认可与试探。

第 2 浪回调，宛如微风拂过湖面，带来一丝凉意，造成多空双方的犹豫与心理博弈。大多数投资者会以为熊市又将来临，市场还会下跌，因而错失牛市起点的买入良机。然而，这仅是短暂的休憩，为后续的强劲上升蓄力。

第 3 浪，则是市场的主升浪，一旦启动，如同万马奔腾，势不可挡。到了这个阶段，股价就会连续飙升，成交量激增，投资者群情激奋，市场热情被彻底点燃。它不仅是中线大牛股的高光时刻，更是投资者获取丰厚回报的黄金时期。

随后，第 4 浪调整展开了，这是在股价疯狂之后的调整，这一次调整类似第 2 浪下跌，其调整的深度和时间都和第 2 浪相差不大。这更像是市场的一次主动撤退，为最后的冲刺做准备。

第 5 浪，作为市场的最后一次全线进攻展开了，这一浪的上涨幅度和时间可能略逊于第 3 浪，却同样充满力量，不断引领着股价刷新高度，同时也把市场情绪带向高潮。当这一浪到达顶点之后，这类股票的牛市行情就轰然落幕了，留下无数依然沉浸在极度亢奋中的投资者继续观望。

在整个浪形分析的过程中，投资者需如同航海家一般，紧盯市场的每一个细微变化，灵活运用波浪理论，捕捉中线大牛股的每一个上涨机遇。同时，也要保持冷静与理性，避免被市场的短期波动所迷惑，坚定信念，勇往直前。

第五节　相关个股案例分析

我们不妨选择前文已经用黄金分割位分析过的中线大牛股悦心健康，使用波浪理论对其进行分析，看看其走势是否符合波浪理论的经典划分，见图 3-5-1。

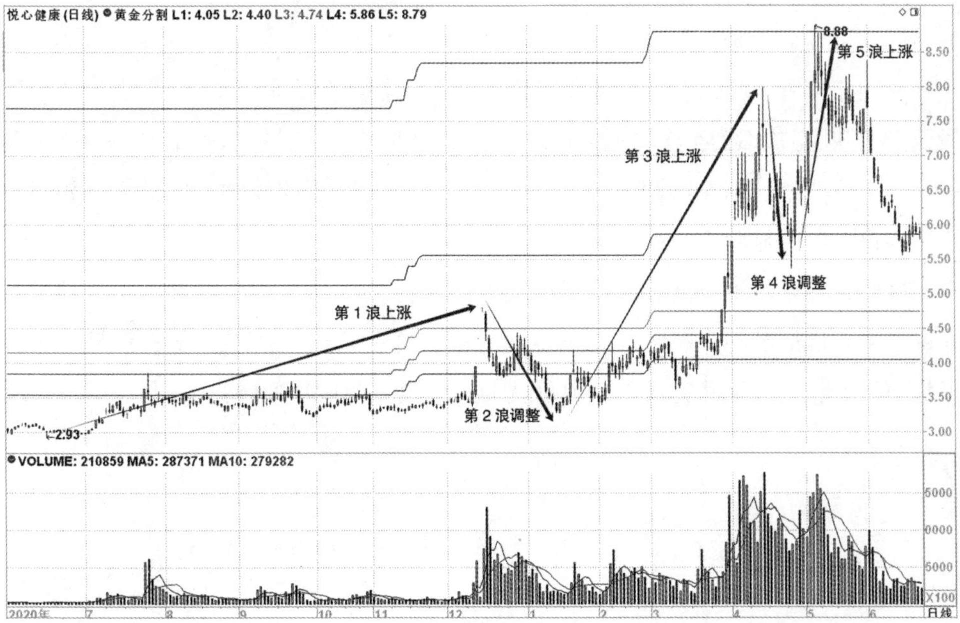

图 3-5-1　悦心健康（002162）日 K 线

图 3-5-1 是悦心健康的日 K 线图，图中时间跨度为 2020 年 5 月至 2021 年 6 月。图中将该股的走势明显划分出了五浪上涨的形态。

从 2020 年 6 月的最低点 2. 93 元起步开始上涨，到 2020 年 12 月 15 日第一次突破 L3 的阶段性高点，是第 1 浪上涨。第 1 浪的时间跨度在五浪之中最长，这也是中线大牛股的一个显著特点——在低位横盘蓄势的时间非常长，主力机构才能在低位拿到足够多的筹码，后面股价启动之后才可能有巨大的涨幅。仔细看这一段时间走势，其实还可以将其细分为小的五浪上涨阶段，上图没有画出太细的划分，读者朋友们可以自行划分。

从 2020 年 12 月 16 日到 2021 年 1 月 14 日，该股经历了一轮相对短暂的快速调整，股价从最高的 4.79 元跌到了最低 3.27 元，跌幅达 31.7%，但是调整时间只有 1 个月左右，完全是主力初步建仓之后的一轮强力洗盘。第 2 浪进行细分可以明显分为小的三浪调整，在 K 线图上面非常明显。

从 2021 年 1 月 15 日开始，该股展开了轰轰烈烈的主升浪——第 3 浪上涨。前期，股价经过了 2 个月左右的震荡上涨并未突破第 1 浪的最高点，然后出现了小幅回落，在 3 月 10 日调整到相对低点后，开始了凌厉的放量拉升，这一波拉升持续 1 个多月，从 3.73 元持续拉升到最高接近 8 元，实现了股价翻倍，这也是第三浪中最为可观的拉升幅度，是投资者获利最丰厚的一段。第 3 浪如果要进行细分的话同样可以分为小的五浪上涨。

从同年 4 月 16 日到 4 月 27 日股价出现了大幅回落，从最高的 7.99 元跌到了最低点 5.35 元，不到半个月的时间，股价最大调整幅度居然达到了 33%以上，这就是第 4 浪调整。第 4 浪调整的期间也有两天走出中阳线反弹，因此第 4 浪的 K 线走势也可以明显分为小的三浪调整。

最后就是第 5 浪上涨，股价用连续大阳线拉升创出新高，突破了第 3 浪的最高点，在股价最高的那一天成交量也同时创出这一轮行情的最大值，体现了天量天价的特征。五浪上涨完成之后股价就彻底见顶，此后迅速转为下跌。

第四章

突发利好政策与中线大牛股

突发利好政策指的是国家经济和金融相关部门突然发布的有利于股票市场或者行业、区域、特定公司的政策措施，这些政策往往能够迅速提振市场信心，促进经济增长，并带来股票价格的突发性大涨。另外，上市公司发布的重组、业绩预增、超预期的分红方案等利好消息，是另一种类型的突发利好政策。本章主要探讨突发利好政策引发上市公司的股票成为中线大牛股的各种条件及相关案例。

第一节 突发利好政策总论

中线大牛股的炒作契机首先就是突发利好政策的刺激，在A股市场尤其明显，突发利好政策的发布往往都会起到四两拨千斤的效果，迅速点燃市场和个股炒作的热情。中线大牛股在各方面条件都已经准备充分的情况下，再遇上突发利好政策就如同烈火烹油，可能立即引发其主升浪。

一、突发利好政策的特点

（一）突发性

突发利好政策往往是在市场预期之外突然发布的，要么是市场上没有人预期到会出现这样的利好，要么就是市场预期的利好力度远远没有正式发布出来的这么大，因此能够迅速引起市场的广泛关注和反应。

（二）针对性

这些政策通常针对当前市场中存在的突出问题或薄弱环节，进行精准扶持，这样就能够对市场整体或者相应的个股产生立竿见影的促进作用。

（三）力度大

为了迅速扭转经济颓势或提升市场信心，突发利好政策往往力度很大，能够产生深入、持久的政策效果，对市场信心提振作用显著。

二、突发利好政策的类型

突发利好政策一般都是以股票市场的主管部门即中国证监会，以及其他相关部委发布的最为权威，产生的效果也最大。这些突发利好政策主要有下列类型。

（一）金融市场与货币政策

1. 降准降息

中国人民银行通过降低存款准备金率或者政策利率，可以短时间为市场注入大量的流动性。这不仅可以降低企业的融资成本，促进社会消费和投资，还能够显著提振市场信心。

2. 存量房贷利率下调

中国人民银行推动各商业银行对符合条件的存量房贷利率开展批量调整，将利率较高的存量房贷利率降至全国新发放房贷利率附近。这一政策可直接减轻购房者的还款负担，提振房地产市场信心，同时增加了购房者的可支配收入，进而促进其他消费，对房地产等行业企业形成利好。

3. 创新货币政策工具

中国人民银行创设证券、基金、保险公司互换便利和股票回购增持再贷款等结构性货币政策工具，为资本市场提供了流动性支持，此举有助于提升上市公司的融资能力和市场稳定性。

4. 量化宽松

中国人民银行通过购买国债等中长期债券，向市场大规模投放流动性，支持人们投资和消费，从而强力推动经济增长。

（二）财政政策与税收优惠

1. 税收优惠政策

政府通过减税降费、提高起征点、实施出口退税等措施，减轻了企业和个人的税收负担，增加其可支配收入，进而促进消费和投资。例如，针对高端机床企业等高端装备制造业，出台提高研发费用税前加计扣除比例政策，鼓励企业加大研发投入，提升核心竞争力。

2. 财政支出措施

政府采用多种手段扩大财政支出，如上调赤字率、增发特别国债等，为市场注入更多流动性，支持上市公司的发展。

3. 财政补贴

对特定行业或企业提供财政资助，降低其运营成本，提高其盈利能力，鼓励其加大研发投入和扩大生产规模。

4. 政府采购

优先采购国内优势企业的产品或服务，促其发展生产、扩大销售市场，提高其品牌知名度和市场份额。

（三）资本市场改革与监管政策

1. 资本市场改革

政府通过优化 IPO、再融资监管安排，阶段性收紧 IPO 节奏，规范大股东减持行为等措施，可活跃资本市场，提振投资者信心。

2. 监管政策放松

如调降融资保证金比例，降低证券交易印花税、证券公司佣金费率等，从而降低投资者的交易成本，有助于提升资本市场的活跃度和上市公司的融资能力。

（四）产业政策或特定行业政策

1. 房地产政策优化

政府通过降低住房贷款最低首付款比例、调整限购限售政策等措施，支持刚需和改善性住房需求者能够买到需要的房子，有助于房地产市场的平稳健康发展，对房地产相关上市公司形成利好。

2. 高端装备制造业支持政策

针对航空装备、信息技术等高端装备制造业，政府出台一系列支持政策，如提高研发费用税前加计扣除比例、加大金融支持力度等，有助于提升这些行业的竞争力和上市公司的盈利能力。

3. 制定优惠政策

通过税收优惠、土地优惠、贷款贴息等措施，降低企业的投资和融资成本，促进其健康发展。

4. 设立产业投资基金

大量投资参股新兴技术性公司，为新兴产业提供资金支持，帮助企业解决资金瓶颈问题。

5. 推动创新

对科研机构增加拨款支持，鼓励科研人员进行技术创新，推动企业提升竞争力。

（五）贸易政策

1. 降低关税

降低进口商品关税，提升国内消费者的购买力，促进消费。同时，降低出口关税，提高出口商品的竞争力，增加出口。

2. 签订自由贸易协定

和更多国家签订自贸协议，降低贸易壁垒，扩大贸易市场，为国内企业提供更多的市场机会。

（六）就业政策

1. 创造就业机会

政府加大对中小企业、民营企业的支持力度，鼓励其增加就业岗位。同时，通过兴建公共工程、提供公益性岗位等途径，提供更多的就业机会。

2. 提高劳动者收入

提高最低工资标准，保障劳动者的基本权益。通过税收、社会保障等政策，提高劳动者的可支配收入，进而促进消费。

（七）区域发展政策

1. 税收优惠

为贫困地区、边远地区等提供税收优惠，吸引企业投资，促进当地经济发展。

2. 财政支持

通过财政政策、货币政策等手段，支持区域协调发展。

3. 设立国家级新区

国家级新区通过整合一个地区的资源，发挥比较优势和竞争优势，优化产业布局，提升产业能级，可起到较强的引领作用，对地方经济有巨大促进作用，相关上市公司也会受益。

综上所述，突发利好政策既有国家层面的政策，也有行业或地区层面的政策。政府通过金融市场与货币政策、财政政策与税收优惠、资本市场改革与监管政策以及产业政策或特定行业政策等多方面的措施，为上市公司提供有力的支持。这些利好政策不仅有助于提升上市公司的融资能力和市场竞争力，还为投资者提供了大量的投资机会。

三、其他突发利好政策

除了前面提到的突发利好政策，还有其他一系列的突发利好政策。这些突发利好政策虽然力度稍弱，但也会对股价带来重大影响。

（一）股东增持与市值管理

1. 股东增持计划

近年来，因股市持续低迷，上市公司价值普遍被低估，上市公司股东、高管增持自家股票的意愿高涨。政府也通过一系列政策鼓励这一行为，如允许董事、高级管理人员在符合条件的情况下制定、披露并实施股份增持计划。这不仅有助于优化公司资本结构，还增强了投资者信心。

2. 市值管理政策

中国证监会等监管机构出台了一系列市值管理政策，鼓励上市公司通过合理的方式提升市值。这些政策包括鼓励上市公司加大分红比例、支持回购股份、优化信息披露制度等，均有助于提升上市公司的市场形象。

（二）促进消费与释放内需潜力

1. 开展促消费活动

政府通过发放消费券、开展以旧换新等促进消费的方式，可活跃消费经济、假日经济等，激发市场活力，有助于提升相关上市公司的销售业绩和盈利能力，特别是对于那些与消费密切相关的行业和企业。

2. 释放内需潜力

随着政策效应的不断累积和积极因素的增多，居民收入的增长将刺激消费市场的发展；同时也为上市公司提供更多的市场机会和发展空间，有助于提升企业的盈利能力和市场竞争力。

（三）国际环境与市场机遇

1. 外资流入

在全球经济环境复杂多变的背景下，中国市场的稳定性和巨大的发展潜力引起了外资的关注。随着 2024 年 9 月美联储大幅降息，部分外资从美国流出，转而流入中国，为 A 股市场带来了增量资金，这有助于提升上市公司的估值水平和提振 A 股市场的市场信心。

2. 国际贸易环境改善

随着国际贸易环境的改善和“一带一路”倡议的推动，更多国家的市场对我国企业开放，上市公司将获得更多的国际合作机会和市场拓展空间。这有助于提升我国企业的国际竞争力和盈利能力。

（四）企业创新与研发投入支持

1. 研发费用税前加计扣除政策

政府通过提高研发费用税前加计扣除比例等税收政策，鼓励企业加大研发投入和技术创新投入。这项政策有助于提升上市公司的技术水平和产品竞争力，为企业带来长期的竞争优势。

2. 创新支持工具

中国人民银行等监管机构通过创设创新支持工具，如股票回购增持再贷款等，为上市公司提供了更多的融资渠道和资金支持，有助于企业加大研发投入、拓展市场、提升盈利能力。

综上所述，上市公司受到的其他突发利好政策也有很多种类。这些政策同样不仅有助于提升企业的融资能力、市场竞争力和盈利能力，还为投资者提供了更多合理配置资产的市场机会。

四、突发利好政策归纳

使上市公司可能受到影响的突发利好政策种类繁多，从市场投资者的角度归纳，不外乎下列几种。

（一）宏观经济政策支持与市场预期改善

1. 宏观经济政策支持

政府部门通过一系列宏观经济政策，如财政刺激、货币宽松等，以便稳定经济增长。这些政策有助于改善企业经营环境，提振市场信心，从而对上市公司形成利好。

2. 市场预期改善

随着政策效果的逐渐显现，市场对未来经济增长的预期逐渐改善。这有助于提升上市公司的估值水平，为股票带来价值重估的上涨预期。

（二）行业扶持政策与产业链协同发展

1. 行业扶持政策

政府针对特定行业，如芯片、半导体、航空航天等高科技行业，出台扶持政策。这些政策有助于提升行业竞争力，促进产业升级，为相关上市公司带来发展机遇。

2. 产业链协同发展

政府通过推动产业链协同发展，加强上下游企业之间的合作与协同，提升整个产业链的竞争力，这有助于提升相关上市公司的盈利能力和市场地位。

（三）优化市场环境与提振投资者信心

1. 市场环境优化

政府通过加强市场监管、打击违法违规行为等措施，净化市场环境，提升市场公平性和透明度。这将有助于增强投资者信心，吸引更多资金入市，为上市公司提供更多融资机会。

2. 投资者信心提升

随着政策效果的逐渐显现和市场环境的优化，投资者对上市公司的信心逐渐增强。这将有助于提升上市公司的股价表现和市场竞争力。

（四）企业国际化支持与支持“走出去”

1. 企业国际化支持

政府通过一系列措施支持企业国际化发展，如简化审批流程、提供融资支持等。这将有助于上市公司拓展海外市场，提升国际竞争力。

2. 支持“走出去”

政府支持企业“走出去”，参与全球竞争与合作。这有助于上市公司提升品牌知名度和国际影响力，为企业打开更大的销售市场，增加新的利润增长点。

通过梳理上述政策，投资者可以更好地理解各种突发利好政策对相关上市公司的作用大小、有效时长，以及可能对股价走势造成的影响以及持续时间，从而找到适合的买卖机会。

第二节　相关上市公司的基本面表现

受到突发利好政策刺激之后，部分上市公司的基本面会出现明显改善，进而使上市公司的竞争力有所提升。不过，有些突发利好政策对公司基本面的影响不大，投资者需要对其认真辨别。一般来说，基本面改善有如下几种情况。

一、盈利能力提升

（一）收入增长

突发利好政策可能直接推动相关行业公司的市场需求增长，从而促进上市公司的销售收入增加。例如，新能源汽车行业在购车补贴、税收优惠等政策的支持下，销量快速增长，相关企业的营业收入也随之增加。

（二）成本控制

突发利好政策有时也体现在对企业的减税降费、提供财政补贴等方面，这有助于企业降低运营成本，提升盈利能力。例如，政府对高新技术企业的税收优惠政策，有助于企业减轻税负，提升盈利能力。

二、市场份额扩大

（一）行业竞争力增强

突发利好政策可能通过提供财政补贴、税收优惠、放宽市场准入等方式，增强相关行业的竞争力。这有助于上市公司在市场中获得更大的份额，提升其市场地位。

（二）品牌知名度提升

突发利好政策有时也伴随着对企业的宣传推广，有助于提升企业的品牌知名度。例如，国家对光刻机等重点扶持行业的宣传力度加大，相关企业如中微公司的品牌形象和市场认知度也相应提升。

三、技术创新能力增强

（一）技术水平提升

突发利好政策通常会鼓励企业加大研发投入，推动技术创新。例如，政府对高新技术企业的研发补贴政策，有助于调动企业增加研发投入积极性，提升技术水平。

（二）推动技术成果转化

突发利好政策还可能推动企业的技术成果转化，将科研成果转化为实际生产力。这对企业来说能真正提升核心竞争力，能为企业带来长期的竞争优势。

四、财务状况改善

（一）现金流充裕

突发利好政策可能带来销售收入的增加和成本的降低，从而改善企业的现金流状况。例如，政府对企业的财政补贴和税收优惠，有助于企业增加现金流，降低财务风险。这对一些业绩较差的上市公司来说无疑是雪中送炭。

（二）资产负债率优化

突发利好政策可能帮助企业降低资产负债率，使上市公司的财务更加稳健。例如，政府通过提供融资支持、降低企业融资成本等方式，优化企业资本结构，降低企业财务风险。

五、市场信心提振

（一）投资者信心增强

突发利好政策往往能提振市场信心，吸引更多投资者关注相关行业的上市公司，这有助于改善企业的长期股价表现和市场估值。

（二）市场情绪变得积极

在突发利好政策的推动下，市场情绪往往变得更加积极，投资者对相关行业和企业的发展前景更加看好，这有助于形成良性循环，进一步推动股价上涨。

六、长期投资价值凸显

（一）成长潜力变大

突发利好政策通常针对具有较大成长潜力的行业和企业，因此相关上市公司往往变得有很大的长期投资价值。例如，新能源汽车、生物医药等高科技赛道，在突发利好政策的推动下，会获得长期迅猛发展。

（二）估值水平提升

在突发利好政策的推动下，相关上市公司的估值水平往往具有较大的提升空间。例如，随着央行降低利率，市场无风险收益率也随之降低。上市公司的分红及投资收益率在不变的情况下，相对于市场无风险收益率的比值就提高了，这就凸显出更高的投资价值，也就会带动上市公司股价上涨，使得上市公司的估值水平更高。

由此可见，当得到突发利好政策的刺激后，上市公司的基本面通常会呈现出盈利能力提升、市场份额扩大、技术创新能力增强、财务状况改善、市场信心增强以及长期投资价值凸显等特征。不过，投资者在关注突发利好政策时，也需保持谨慎态度，必须结合企业的具体情况和市场环境进行综合分析，不要误认为相关板块内的上市公司都能得到实质性增长。

第三节　相关个股的走势特征

一般符合前期条件的中线大牛股，在突发利好政策刺激下，其走势会得到强力助推，其特征通常会表现为以下几个方面。

一、整体上涨

突发利好政策作为推动市场发展的重要因素之一，往往能够引发股票市场的整体上涨趋势。例如，2024 年国庆节前，相关部门出台一系列降准、降息、降低存量房贷利率等货币政策和房地产政策，A 股市场马上迎来一波强劲的大涨，主要指数如上证 50 指数、中证 500 指数、创业板指等均呈现出明显的上升趋势。

二、多板块齐涨

一些大的突发利好政策通常不仅局限于对某一特定行业或板块产生积极影响，而且有助于对多个行业产生积极影响。因此，在突发利好政策的刺激下，往往会出现多板块齐涨的局面。例如，金融、房地产、消费、科技等板块在央行宣布降息降准的刺激下轮番上涨，为投资者提供了多元化的投资机会。

三、个股分化

虽然突发利好政策可能引发股票市场的整体上涨，但这种普涨行情不会持续太久，后续会呈现出明显的分化走势。市场资金倾向于选择基本面较好、受政策支持力度大的板块和个股进行投资。这种结构性特征要求投资者在进入市场时，需要更加关注享受政策红利多的相关企业的股票品种，以及那些拥有长期成长空间的新兴产业龙头企业。

四、市场情绪高涨

突发利好政策的发布往往能够提振市场信心，改善投资者对股票市场的预期。在市场信心低迷时，突发利好政策的发布可以视为政府对资本市场释放出的一种积极信号，有助于缓解市场的恐慌情绪，提振投资者信心，进而推动场外资金流入股票市场，提升市场的整体活跃度。

五、成交量放大

在突发利好政策刺激下，股票市场的成交量通常会显著放大。例如，在 2024 年国庆节前后，沪深两市的成交额连续多个交易日突破万亿元，最高超过 3 万亿元，不断刷新历史最高纪录。这表明投资者的参与度明显提高，市场活跃度显著增强。

六、长期投资价值显现

突发利好政策不但可以引发股票市场的短期上涨，而且对股票市场的长期投资价值同样具有重要意义。突发利好政策往往能够改善上市公司的经营环境、提振市场信心，从而为股票市场的长期稳定发展奠定坚实基础。例如，近几年，在新能源、半导体、生物医药等高科技行业，利好政策的陆续推出使得这些行业具有更大的成长空间和投资价值。

综上所述，在突发利好政策刺激下的股票走势特征主要表现为整体上涨、多板块齐涨、个股分化、市场情绪高涨、成交量放大以及长期投资价值显现等方面。投资者应密切关注政策动态和利好政策的力度，以便及时把握市场机会。同时，也需要保持理性投资心态，审慎把握投资机会。

第四节　相关个股的见顶信号

在探讨突发利好政策刺激下的个股见顶信号时，投资者需要综合考虑政策环境、市场情绪、资金流向以及个股基本面等多个因素。虽然中线大牛股不像短线股那样，需要不断寻找底和顶，但个股的见顶信号仍不容忽视。

一、个股常见见顶信号

在突发利好政策的刺激下，个股可能会出现快速上涨的行情。然而，随着股价的不断攀升，一些见顶信号也会逐渐显现。以下是一些常见的个股见顶信号。

（一）成交量异常放大

在个股上涨过程中，伴随着突发利好政策的不断释放，如果成交量突然异常放大并走出大阴线，就可能意味着有大量资金在高位出货，这是个股见顶的一个重要信号。

（二）股价创新高后回落

当个股股价创出新高后，如果随后出现明显的放量回落，并且股价反弹后无法再次突破前期高点，就可能表明上涨动能已经衰竭，个股大概率即将见顶。

（三）技术指标超买

一些常用的技术指标，如相对强弱指数（RSI）、随机指标（KDJ）等，在个股上涨过程中可能会进入超买区域。如果这些技术指标长时间处于超买状态，并随着股价的回落而相应下降，但随后股价在短时间内再次创下新高时，这些技术指标却未能同步创新高，那么这就形成了顶背离现象，预示着该个股可能即将见顶。

（四）利好消息兑现

在突发利好政策刺激下，个股可能会出现快速上涨。然而，一旦利好消息兑现，股价也上涨到了阶段性高位，市场可能会失去进一步上涨的动力，从而导致个股见顶。

（五）市场情绪过热

在个股上涨过程中，如果市场情绪过于乐观，投资者普遍情绪亢奋，市场上弥漫着一片看涨的声浪，几乎没有人认为股市可能下跌，那么可能意味着市场已经处于过热状态。这种情况下，大盘和个股都很容易出现见顶回落的走势。

二、应对策略

在判断中线大牛股是否见顶时，投资者需要综合考虑上述多个信号，并结合个股的基本面、行业前景以及市场整体走势等因素进行综合分析。如果发现个股出现见顶信号，投资者应及时调整投资策略，避免盲目追高。具体来说，投资者可以采取以下应对策略。

（一）设定合理的止损点

在买入个股前，投资者应设定合理的止损点，以控制潜在的风险。一旦股价跌破止损点，应及时卖出，以避免损失扩大。

（二）分批卖出

对于已经获利的个股，投资者可以考虑分批卖出，以便锁定利润。在出现前述见顶信号后分批卖出，这样可以避免选择一次性卖出时，错失后续可能上涨的机会。

（三）关注市场动态

投资者应密切关注市场动态和政策变化，及时调整投资组合以应对市场变化。

如果发现市场整体走势转弱或个股基本面出现恶化迹象，应及时卖出相关个股以规避风险。

（四）保持冷静

有句话说得好：“股市最大的不变就是变化。”在面对市场波动时，投资者应保持冷静的头脑和理性的判断，避免因为市场情绪的影响而做出冲动的投资决策。

总之，在突发利好政策的刺激下，识别个股见顶信号是一门复杂的技术，需要投资者综合考虑多个因素进行判断。通过设定合理的止损点、分批卖出、关注市场动态以及保持冷静等方式，投资者可以更好地应对市场变化并保障自己的投资收益。另外，判断个股见顶的准确率极为重要，而要提高准确率，投资者只有通过大量的实战和总结才能做到。

第五节 相关个股的案例分析

突发利好政策刺激中线大牛股走出主升浪的案例在 A 股市场屡见不鲜，这些案例往往展示出政策对股市的显著影响以及市场对这些政策的积极反应。下面以 2022 年中线大牛股西安饮食为案例进行相关分析。

西安饮食在 2022 年底的大涨，就是典型的在突发利好政策刺激下走出的中线大牛股行情。以下是对其大涨过程的详细分析。

（一）行情启动之前曾长期低迷

西安饮食的主营业务是旅游餐饮，但是 2019 年底新冠疫情的突然暴发导致全国各地都进入了封控模式，公司主营业务遭到毁灭性打击，股价也持续低迷。下面我们来看该股在行情启动之前的几年的走势。

图 4-5-1 是西安饮食的周 K 线图，图中时间跨度为 2016 年 7 月至 2022 年 10 月。可以看到，该股从 2016 年 10 月的高点持续向下，经过几年的震荡下跌，直到 2022 年 2 月跌至最低点 3.22 元。此后股价虽然震荡反弹，但是始终未能向上突破黄金分割位 L4 的阻力。该股在低位震荡盘整的时间有 4 年多，直到 2022 年 10 月股价维持在 5 元附近。

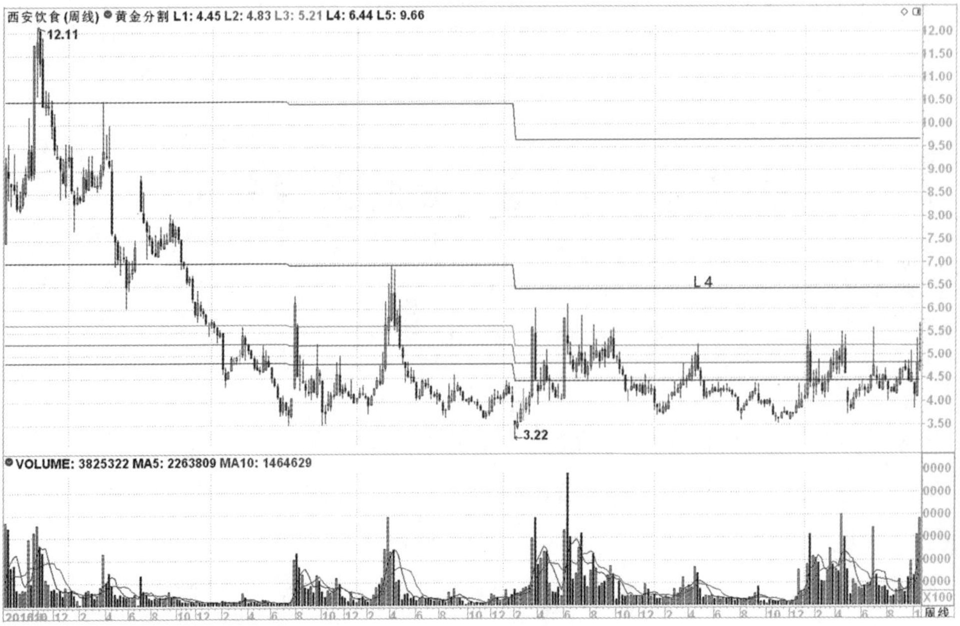

图 4-5-1　西安饮食（000721）周 K 线

（二）行情启动之前的估值

下面我们来计算西安饮食在行情启动之前的估值，见图 4-5-2。

☆财务分析☆ ◇000721 西安饮食 更新日期：2024-10-21◇ 港澳资讯 灵通V8.0
☆【港澳资讯】所载文章、数据仅供参考，使用前务请仔细核实，风险自负。☆
★本栏包括【1.财务指标】【2.报表摘要】【3.异动科目】【4.环比分析】★

【1.财务指标】
【主要财务指标】

财务指标	2024-09-30	2023-12-31	2022-12-31	2021-12-31	2020-12-31	2019-12-31
审计意见	未经审计	标准无保留意见	标准无保留意见	标准无保留意见	标准无保留意见	标准无保留意见
净利润(元)	-8863.0979万	-1.1792亿	-2.2061亿	-1.6869亿	901.2393万	-4715.0838万
净利润增长率(%)	-35.7(L)	46.6(L)	-30.8(L)	-1971.7112	119.1(P)	-597.9055
扣非净利润(元)	-9094.4388万	-1.2464亿	-2.2853亿	-1.7669亿	-9084.6451万	-4938.9152万
营业总收入(元)	5.1203亿	7.8017亿	4.8476亿	5.1929亿	4.1087亿	5.0046亿
营业总收入增长率(%)	-12.5625	60.9391	-6.6495	26.3897	-17.9021	0.8911
加权净资产收益率(%)	-23.49	-24.54	-35.38	-31.06	1.45	-7.36
资产负债比率(%)	76.9485	72.4314	67.3577	70.3131	49.8944	43.7833
净利润现金含量(%)	-68.0194	-65.0593	17.1494	-22.6891	372.8794	71.5826
基本每股收益(元)	-0.1544	-0.2055	-0.3886	-0.338	0.0181	-0.0945
每股收益-扣除(元)	-	-0.2172	-0.4041	-0.3541	-0.182	-0.099
稀释每股收益(元)	-0.1544	-0.2055	-0.3886	-0.338	0.0181	-0.0945
每股资本公积金(元)	0.4956	0.4956	0.4956	0.117	0.117	0.1112
每股未分配利润(元)	-1.0128	-0.8584	-0.6529	-0.3099	0.0281	0.0162
每股净资产(元)	0.5802	0.7346	0.9401	0.9191	1.2571	1.2333
每股经营现金流量(元)	0.105	0.1337	-0.0659	0.0767	0.0673	-0.0676
经营活动现金净流量增长率(%)	14.4174	302.8(P)	-198.8521	13.8905	199.6(P)	-577.8067

图 4-5-2　西安饮食（000721）财务分析

图 4-5-2 是西安饮食 F10 资料中的财务分析栏目，由于该股爆发的时间为 2022 年 11 月，当时 2022 年的年报还未公布，我们只能根据 2021 年的数据进行计算，从图 4-5-2 可以看到几个 2021 年的关键数据：营业总收入为 5.1929 亿元，净利润为-1.6869 亿元，基本每股收益为-0.338 元，每股净资产为 0.9191 元。若设定行情启动前的股价为 5 元，可以计算如下：

市净率＝5÷0.9191＝5.44

总市值＝5×（-1.6869÷-0.338）＝24.95（亿元）

市销率＝24.95÷5.1929＝4.80

以上计算可以得到该股的市净率为 5.44，市销率为 4.80。这个数据还不算很低，但是考虑到疫情对公司的营业收入造成了严重打击，在这种情况下仍然能够维持一定的业务可以说是难能可贵了，加之该股总市值只有 24.95 亿元左右，属于袖珍小盘股，在市场极度低迷的情况下该股也没有再大幅下跌，说明在低位有大资金建仓，股价跌无可跌，完全符合中线大牛股的低估值条件。

（三）股价大爆发原因分析

2022 年底前，随着疫情形势的逐渐缓解和防控政策的优化调整，消费者的出行和餐饮需求逐渐复苏，为了促进旅游行业的复苏和发展，政府出台了一系列扶持政策，包括减税降费、金融支持等。这些政策为西安饮食等旅游餐饮企业提供了强有力的支持，有助于其渡过难关并实现业务的快速恢复。另外，国家相关部门在这一时期陆续出台了鼓励预制菜发展的优惠政策，西安饮食恰好拥有众多老字号品牌，在市场上具有较高的知名度和美誉度，这就为公司积极拓展食品工业板块，推动工业化食品的生产和销售提供了良好的条件。在以上双重突发利好政策的支持下，该股终于出现了大爆发。下面我们就来看看该股的大爆发走势过程。

图 4-5-3 是西安饮食的日 K 线图，图中时间跨度为 2022 年 6 月至 2023 年 2 月。可以看到，该股在 2022 年 10 月见到阶段性低点 3.83 元后开始反弹，在黄金分割位 L1 至 L3 之间反复震荡半个月后开始发力向上拉升，这一波拉升就直接突破了 L4，到了 L5 附近。在 L5 附近震荡几天后出现了大幅回落，回到 L4 上方止跌后走出又一波强势拉升，直接向上突破 L5、L6 和 L7，稍微下跌两天后再次拉升到 L8 之上才见顶回落。

该股的主升浪主要分为两波直线拉升，第一波是直接受到国家促进旅游业复

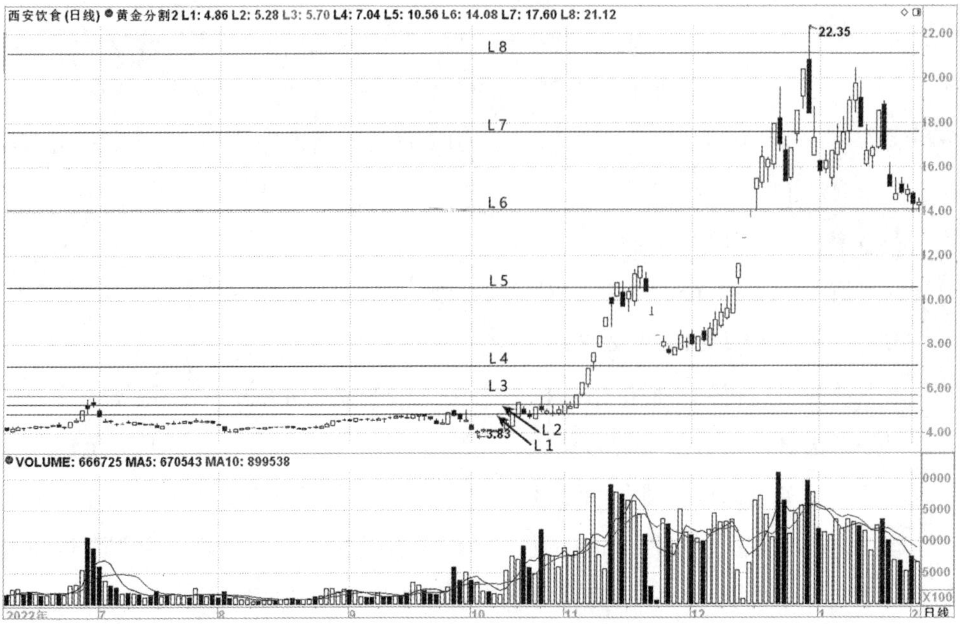

图 4-5-3 西安饮食（000721）日 K 线（1）

苏和发展的一系列利好政策刺激，从 L1 启动很流畅地拉升到 L5 上方；第二波拉升主要借助预制菜大火的概念炒作，从 L4 上方一路拉升到 L8。

（四）见顶分析

1. 高位大阴线放量

西安饮食股价见顶的过程中出现了明显的高位放量大阴线，这就是大资金出货的特征，下面我们来看具体走势。

图 4-5-4 是西安饮食的日 K 线图，图中时间跨度为 2022 年 9 月至 2023 年 3 月。可以看到，该股在 2022 年 12 月 22 日股价第一次突破 L7 的时候出现了冲高回落的大阴线，成交量也创出了阶段性最大值，紧接着第二天股价继续大跌，成交量虽然比前一天有所缩小，但也是阶段性高成交量。此后股价连续拉升三个涨停板再创新高，到了第四天的 12 月 29 日股价盘中突破 L8，但收盘放量砸到跌停板，这一天的成交量仅次于 12 月 22 日，但是从成交金额看却超过了 12 月 22 日，成为阶段性成交金额最大的一天。频频出现的高位放量大阴线就是主力出货的特征，只不过主力几天时间还不能全部出货，所以需要反复拉升出货，但是作为散户，我们可以快速逃顶。

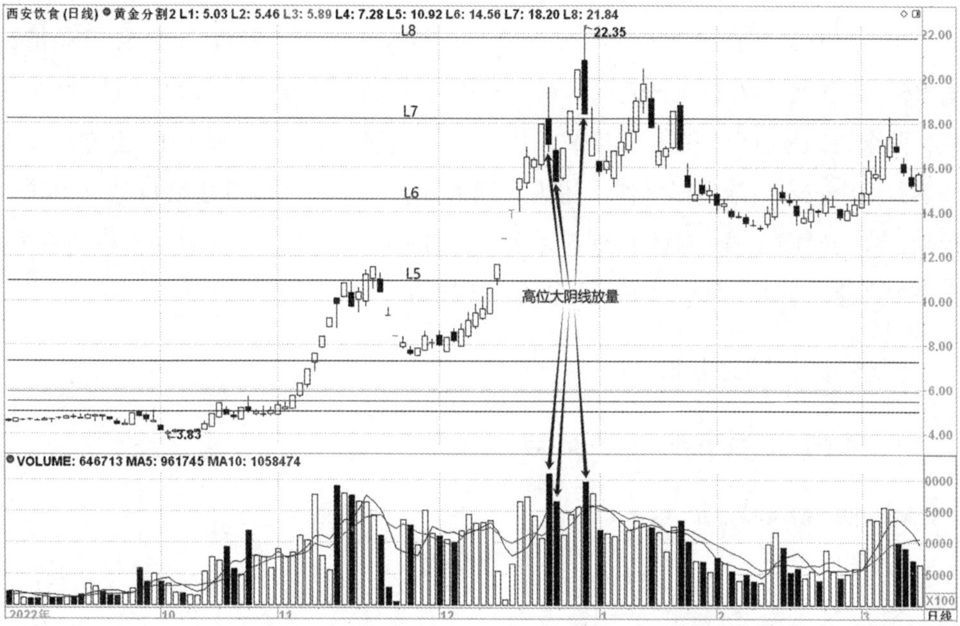

图 4-5-4 西安饮食（000721）日 K 线（2）

2. 技术指标顶背离

下面来看该股见顶之时的技术指标，见图 4-5-5。

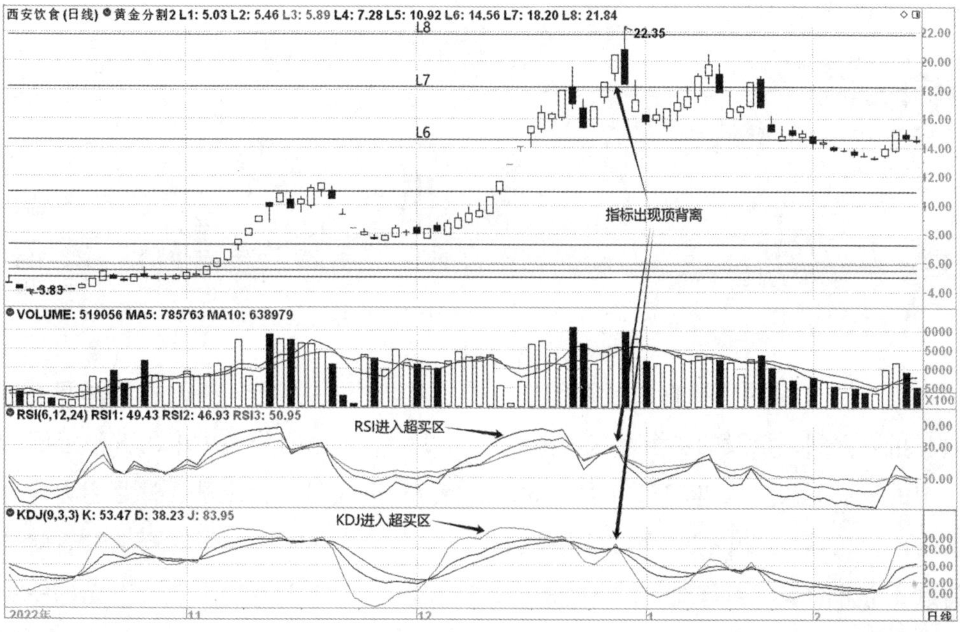

图 4-5-5 西安饮食（000721）日 K 线（3）

图 4-5-5 是西安饮食的日 K 线图，图中时间跨度为 2022 年 9 月至 2023 年 2 月。可以看到，该股在 2022 年 12 月 12 日股价开始拉出涨停板的时候，RSI 指标的 RSI1 线就到了 80 以上的超买区域，KDJ 指标的 J 值也达到了 100 以上的超买区域，两个指标一直保持在超买区域长达 8 天，随着股价第一次冲击 L7 上方后大幅回落，两个技术指标都回落到了超买区域下方。但是随后股价连续拉升三个涨停板创新高的时候，两个技术指标却无法再回到超买区域以上，这就是指标顶背离，再叠加高位放量大阴线，股价见顶的信号就更加明显了。

（五）波浪理论分析

下面我们再用波浪理论对西安饮食的走势进行分析。

图 4-5-6　西安饮食（000721）日 K 线（4）

图 4-5-6 是西安饮食的日 K 线图，图中时间跨度为 2022 年 3 月至 2023 年 7 月。可以看到，该股的整个上涨和下跌过程可以明显地划分为牛市的五浪上涨和熊市的三浪下跌。从 2022 年 4 月到 6 月的持续拉升是第 1 浪上涨，这是主力建仓的阶段，尤其是拉升的最后几天大幅放量，主力机构在这里大举建仓。然后就是持续 3 个月的震荡回落洗盘，也就是第 2 浪调整。从 2022 年 10 月低点开始的一波流畅拉升就是第 3 浪上涨，也是主升浪。2022 年 11 月出现的大幅回落是第 4 浪调

整，这是快速急跌，所以持续的时间很短。最后就是第 5 浪上涨，股价拉升幅度和第 3 浪差不多。我们发现第 5 浪上涨的幅度和第 3 浪差不多的时候，也可以判断这里见顶的可能性很大了。

见顶之后该股的下跌过程非常复杂，但也可以划分出 A、B、C 三大浪。后来该股又持续下跌了很久，后面的走势还可以按照新的一轮熊市进行浪形划分。

第五章
基本面重大改善与中线大牛股

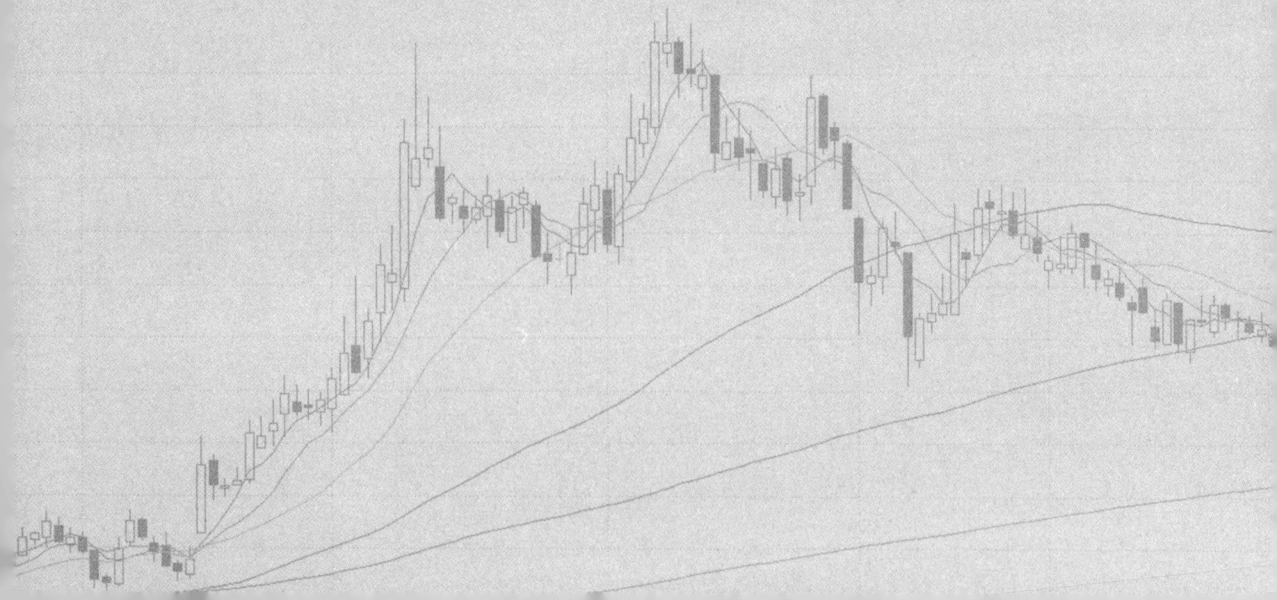

上市公司基本面的重大改善是一个复杂的过程，通常涉及多个方面的积极变化。本章重点分析上市公司基本面重大改善的方式、类型，以及这些改善如何体现在公司基本特征和股市表现上；此外，还有基本面重大改善催生的中线大牛股的案例分析。

第一节　基本面重大改善总论

上市公司的基本面改善有多种方式，实战中，因基本面出现重大改善而催生中线大牛股的例子不胜枚举，投资者需要特别注意以下几种情况。

一、资产注入

上市公司的资产注入是基本面改善最快、最直接的方式，能快速使上市公司的基本面发生翻天覆地的变化。部分上市公司为了符合监管部门的严格上市规则，往往分拆了集团公司的部分优质资产单独上市，这就为后续的资产注入埋下了伏笔。

上市公司为了彻底改善经营基本面，通常会选择以集团或控股股东向上市公司主体注入集团、控股股东盈利强、市场前景好的业务资产。通过资产注入，上市公司的基本面发生重大改变，盈利模式和空间得到极大的改善和拓展。资产注入在股市上被视为重大利好消息，能够迅速提升上市公司的内在价值并引起股价暴涨。如果注入的资产规模较大且业务前景较好，相关上市公司的股价往往会在资产注入完成后连续涨停。

二、财务结构优化

财务结构优化，就是采取各种手段控制和削减成本、增加收入、降低负债，不过，效果最明显的手段还要数债务重组。一些上市公司由于历史原因或者经营不善，可能面临较重的债务负担，造成公司财务成本高昂、经营风险增加。这种情况下上市公司可以通过债务重组、资产处置、引入战略投资者等方式，实现优化财务结构、降低负债率、提高资产质量的目标。

财务结构的优化有助于提升企业的信用评级和融资能力，降低财务成本，从而增强企业的盈利能力和市场竞争力。这类动作通常会在股票市场上引发积极反应，推动股价上涨。

三、产能释放

一些上市公司由于前期产能不足或者市场需求突然大幅增长，产品供不应求，限制了企业的发展速度。通过扩建生产线、提高生产效率或者生产外包等方式，可以实现产能扩张或产能释放，满足市场需求的同时也能带动公司迅猛发展。

产能的释放有助于提升企业的销售收入和市场份额，增强企业的盈利能力和市场竞争力。这类改善通常也会在股票市场上引发积极反应，推动股价上涨。

四、行业回暖

属于周期性行业的上市公司，其产品或者服务的市场需求和价格都会出现周期性波动。到了上升周期，其产品或者服务的市场需求和价格都会上升，这就是行业回暖。还有一些新兴行业，随着一种新技术或者新型产品的出现，市场需求也会突然大幅增长，企业通过加大研发投入、推出新产品等措施抓住了市场机遇，这也属于行业回暖。例如，消费电子行业由于技术迭代成本高昂、消费需求不足等多重挑战，整体陷入低谷。但在近年出现的折叠屏、人工智能等新产品和技术方向的刺激下，相关上市公司逐渐提升了销售收入和盈利能力，改善了基本面。这类改善通常也会在股票市场上引发积极反应，致使股价上涨。

五、国际化拓展

一些上市公司在国内市场饱和或竞争过于激烈的情况下，积极拓展海外市场，通过设立海外子公司、建立国际销售网络、参与国际合作等方式，成功开拓了海外市场，扩大了业务规模和收入来源。国际化拓展有助于提升企业的市场竞争力和品牌影响力，增强企业的盈利能力和抗风险能力。这类改善通常也会在股票市场上引起积极反应，助推股价上涨。例如，传音控股在国内手机市场激烈的竞争中难以获得发展机会，于是另辟蹊径，到非洲的广阔市场去发展，成了“非洲手机之王”，而其股价也表现不俗。

六、环保治理与绿色转型

随着全球范围内对环境保护和可持续发展的重视，环保治理和绿色转型成为企业发展的重要趋势。一些上市公司通过加大环保投入、改进生产工艺、推出绿色产品等措施成功实现了环保治理与绿色转型。环保治理与绿色转型有助于提升企业的社会责任感和品牌形象，增强企业的市场竞争力。同时，随着绿色经济的兴起，这类企业还可能获得政府的支持和市场的青睐。这类改善通常也会在股票市场上引发积极反应，促使股价上涨。最典型的例子就是 A 股市场上的一众光伏新能源龙头企业，它们获得了名利双收的发展成果。

七、成本控制与效率提升

在激烈的市场竞争环境下，成本控制与效率提升成为企业提升盈利能力的关键手段。众多上市公司通过优化生产流程、降低原材料成本、提高生产效率等措施，成功降低了成本，提升了盈利能力。成本控制与效率提升有助于提高企业的盈利能力和市场竞争力，从而吸引更多投资者的关注。这类改善虽然可能不如资产注入等方式那么直接和显著，但长期来看对股价的支撑作用更为稳健。这样的例子不胜枚举，A 股市场上表现亮眼的龙头企业无一不是成本控制与效率提升的标杆。

八、品牌建设与市场营销

在当今竞争日益激烈的市场环境下，品牌建设与市场营销成为企业提升市场地位的重要手段。众多上市公司通过加大品牌宣传力度、提升产品质量和服务水平、拓展营销渠道等措施，成功提升了品牌知名度和市场影响力，从而改善了企业的基本面。此类改善通常也会在股票市场上引起积极反应，推动股价上涨。最著名的例子当属 A 股的白酒行业市值龙头企业贵州茅台，其品牌影响力在国内名列前茅。

九、新业务拓展

为了寻找新的业务增长点，一些上市公司通过自主研发、合作开发或并购等方式积极寻求拓展新业务领域。新业务的拓展有助于提升企业的多元化程度和市场竞争力，为企业的长期发展奠定坚实基础。这类改善一般也会在股票市场上引起积极反应，推动股价上涨。例如通威股份，原本其主业是生产水产、畜禽饲料，后来果断向多晶硅、太阳能电池领域拓展，成功跻身光伏产业龙头企业行列。

十、治理结构优化

良好的治理结构是企业稳健发展的基石。一些上市公司通过优化治理结构，提升了管理效率和决策科学性。优化治理结构的主要措施包括引入独立董事、加强内部控制、提升信息披露透明度等。治理结构的优化有助于提升企业的管理效率和决策科学性，降低经营风险，从而吸引更多投资者的关注。这类改善虽然可能不如资产注入等方式那么直接和显著，但长期来看对股价的稳定增长具有积极作用。这也是一家优秀的上市公司必须具备的能力。

可以看到，上市公司基本面重大改善的方式较多。这些改善方式不仅有助于提升企业的盈利能力和市场竞争力，还有助于吸引更多投资者的关注和资金流入，从而推动股价的上涨和股票市场的繁荣。实战中，投资者应密切关注上市公司的基本面变化，以把握投资机会。

第二节 基本面重大改善的常见类型

经过多年实战总结，我将公司基本面重大改善归纳为五大类型，下面分别举例说明。

一、政策驱动型

不少行业和公司的基本面改善，主要得益于政策驱动。下面，我们以新能源汽车行业为例进行深入分析。

（一）行业基本情况

新能源汽车行业是国家近年来大力支持的一个行业，是带领我国汽车行业整体实现对西方国家赶超的希望所在，国家为此制定了完善的政策并持续投入了巨额资金进行重点扶持。

（二）行业发展背景

随着全球变暖、气候异常、世界各国对环境保护和可持续发展空前重视，各国纷纷出台了一系列支持新能源汽车发展的政策，包括购车补贴、税收优惠、充电设施建设等。

（三）国家支持政策的影响

国家支持政策极大地促进了新能源汽车全产业链的快速发展，相关上市公司受益于政策红利，实现了销量的快速增长和市场份额的显著提升。同时，随着技术的不断进步和规模效应的显现，这些公司的盈利能力也大幅提升。

（四）相关上市公司股市表现

在新能源汽车销量的不断增长带动下，新能源汽车行业相关上市公司的股价普遍上涨，尤其是其中的龙头公司，如宁德时代和比亚迪等，吸引了大量投资者的关注。

二、技术创新型

也有一些行业和公司的基本面改善，主要依靠技术创新，比如半导体行业和相关企业。

（一）行业基本情况

半导体行业是电子信息产业的重要组成部分，是科技与工业的核心基石。它关系到国家安全的同时又具有极高的战略意义和经济价值，是一个高度技术密集型和资本密集型行业。发展半导体产业是国家的重点战略方向。

（二）行业发展背景

半导体行业是技术密集型行业，技术创新是推动行业发展的核心动力。近年来，随着5G、人工智能、物联网等新兴技术的快速发展，对半导体芯片的需求大幅增加。近年来，美国对我国实行芯片等高端技术的封锁，促使我们更加坚决地投入自主研发中。

（三）技术创新的影响

一些半导体企业尤其是芯片及其设备生产商通过加大研发投入，成功研发出具有自主知识产权的高性能芯片并实现了量产，打破了国外企业的技术垄断，提升了市场竞争力。同时，随着国内市场的不断扩大和国产替代进程的加速推进，这些企业的市场份额和盈利能力均显著提升。

（四）相关上市公司股市表现

近年来，在技术创新和国产替代的双重驱动下，半导体行业相关上市公司的股价普遍上涨，半导体行业板块成为市场上的热门板块之一，投资者对相关题材个股喜爱有加。

三、并购重组型

投资者对于并购重组引起的基本面改善可谓非常熟悉。下面，我们以中航电测为例，进行详细分析。

（一）中航电测的概况

中航电测是中国航空工业集团控股企业，2010 年在创业板上市，主营业务覆盖航空军品、传感控制、智能交通三大领域，是国内军民用智能测控领域的龙头。2023 年，该公司实现了“蛇吞象”式的收购大案，成为实施注册制以来深市金额最高的重组项目，也是央国企借助并购重组调整产业布局、加强专业化整合、推进核心资产证券化的典型案例。

（二）重组背景

2021 年，中航电测营业收入和净利润分别达到 19.43 亿元和 3.07 亿元，创上市后最高水平。随后，受市场环境和行业政策等因素影响，公司业绩出现连续下滑。在此背景下，2023 年 1 月 11 日，中航电测公告拟向航空工业集团发行股份购买其持有的成飞集团 100%股权，股份发行价格定为 8.36 元/股，总发行 20.86 亿股，交易总价 174.39 亿元。

（三）并购重组的影响

通过这次重组，中航电测一举实现了三大战略目标：一是实现了国家战略，加强了航空装备建设任务保障能力；二是借助资本市场推动了核心企业高质量发展；三是增强了上市公司持续盈利能力，提高了上市公司股东的投资回报水平。重组完成后，中航电测成了 A 股市场上新的军工龙头企业之一。

（四）股市表现

中航电测在 2023 年 1 月 11 日公告宣布重组方案后开始停牌，同年 2 月 2 日复牌后就开始了连续 8 天一字涨停板，而且由于该股在创业板上市，涨停幅度为

20%，股价从停牌时的 10. 55 元到打开涨停板后涨到 51. 77 元，此后一个月左右最高涨至 64. 85 元。由此可见，市场各方对这次重组非常认可，争相抢购。

四、市场需求增长型

市场需求引起的相关行业和公司业绩增长，是比较受到市场欢迎的，不过投资者要特别注意行业的周期性特点。下面以远洋运输行业为例来加以说明。

（一）行业基本情况

依托中国连续多年保持全球货物贸易第一大国地位，我国的远洋运输行业具备了充足的货源基础，具有强大的国际竞争力，其中的几家龙头企业已经成为世界级航运巨头。

（二）行业背景

2020 年至 2021 年期间，在疫情反复、需求增长、供给有限等多重因素的影响下，全球物流供应链持续受到港口拥堵、集装箱短缺、内陆运输迟滞等复杂局面的挑战和冲击，集装箱运输供求关系持续紧张，这一切造成了远洋运输行业的集装箱业务供不应求、运费暴涨。我国的几家远洋运输龙头公司通过稳运力、保供箱、优服务等措施全力保障全球运输服务，得到全球客户的认可，实现了业绩暴涨。

（三）市场需求增长的影响

在行业需求井喷式爆发的状况下，远洋运输行业的上市公司抓住机会，通过调整产品结构、全力保障运力和加快服务速度等措施尽可能地满足了消费者的需求。这些企业在市场需求增长和价格暴涨的推动下实现了销量的快速增长和市场份额的显著提升。

（四）相关上市公司股市表现

我国远洋运输行业的龙头上市公司中远海控，从 2020 年 5 月的最低点 3. 14 元一路大涨到了 2021 年 7 月的最高点 33. 40 元，股价累计暴涨 9 倍多。业内其他上市公司股价也有不同幅度的上涨，股民充分享受了市场需求增长带来的红利。

五、管理能力提升型

企业管理能力提升，导致公司的盈利稳定增长。下面，以家电行业为例进行分析。

（一）行业基本情况

现代社会，家电已经成为人们日常生活必不可少的一部分，它们的存在极大地丰富了人们的生活。中国作为电器生产和消费大国，市场占比居全球之首。中国家电市场规模庞大，且处于持续增长态势。

（二）行业发展背景

家电行业中经过激烈竞争存活下来的品牌，都在通过不断提升产品品质和服务，建立起了良好的品牌形象，占据了较大的市场份额。同时，还有一些新兴品牌和互联网品牌也在不断崛起，通过创新的产品和营销模式，在细分市场上获得了一定的份额。由于市场竞争激烈，各家企业对家电产品的价格竞争特别敏感，可以说始终保持白热化的状态。

（三）管理能力提升的影响

以海尔为例，作为我国家电行业的领军企业之一，海尔通过实施“人单合一”的管理模式，将员工与市场紧密联系在一起，大大激发了员工的积极性和创造力。这种管理模式使得海尔能够快速响应市场变化，满足消费者的需求。同时，海尔还注重技术创新和品质提升。该公司不断投入研发资金，推出具有创新性和竞争力的产品。同时，海尔还建立了完善的质量管理体系，确保产品品质良好。总体来说，海尔通过优化内部管理流程、提升运营效率、加强市场营销等手段，实现了业务的稳定增长和业绩的稳步提升。

（四）相关上市公司股市表现

2020 年 3 月到 2021 年 2 月，海尔智家的股价从 11.23 元持续上涨到了 33.75 元，累计上涨 200%以上。市场各方对该公司因管理能力提升带来的基本面改善非常认同。与此同时，另外几家家电行业龙头企业的股价也长期保持坚挺向上的态势。

总之，上市公司基本面的重大改善可能来自多个方面的积极变化。这些积极变化不仅有助于提升企业的盈利能力和市场竞争力，还有助于吸引更多投资者的关注和资金流入，从而推动股价的上涨和股票市场的繁荣。不过，需要注意的是，基本面改善并非一蹴而就，而是企业持续努力和不断创新的结果。投资者需要保持必要的耐心。

第三节　基本面重大改善的五大表现

基本面得到重大改善的公司，其股票通常会在诸多核心指标上出现显著的变化或者积极的趋势。这些变化不仅反映了公司内在价值的提升，也预示着未来可能的增长潜力和投资机会。下面列举基本面得到重大改善的公司可能展现出的基本特征，投资者加以密切关注，能据此筛选出中线大牛股。

一、盈利能力显著增强

（一）主营业务收入和净利润增长

公司主营业务收入和净利润都保持稳定增长态势，且增长率超过行业平均水平。这表明公司的产品或服务在市场上需求旺盛，市场份额也在逐步提升。

（二）毛利率和净利率提高

毛利率和净利率是衡量公司盈利能力的重要指标。随着公司成本控制的加强、产品定价权的提升或市场需求的增加，这两个重要指标可能明显上升。

（三）净资产收益率优化

净资产收益率（ROE）反映了公司运用自有资本的效率。基本面得到重大改善的公司，其 ROE 通常会保持在较高水平，甚至呈现上升趋势。

二、财务状况稳健

（一）资产负债率降低

公司通过优化资本结构、偿还债务或引入新资本等方式，降低了资产负债率，也就降低了财务风险。

（二）现金流状况改善

公司收入增长，就会带来经营活动产生的现金流量净额持续增长，且与净利润相匹配。这表明公司的盈利质量较高，具备较强的自我造血功能。

（三）偿债能力增强

公司的债务减少、现金流增长，这样流动比率和速动比率就会保持在合理水平，因而公司在短期内偿还债务的能力也会增强。

三、行业地位和市场竞争力提升

（一）市场份额扩大

公司在所处行业中的市场份额逐步扩大，成为行业内的领军企业或具有更大影响力的公司，这也保证了公司未来的盈利能力。

（二）核心竞争力增强

公司通过技术创新、品牌建设、渠道拓展等方式，增强自身的核心竞争力。公司在行业内具备的优势包括技术优势、品牌优势、成本优势、渠道优势等，这些均是确保公司核心竞争力的重要因素。

（三）新业务拓展成功

公司成功拓展新业务领域，实现业务多元化和收入增长。新业务可能带来新的利润增长点，彻底改变公司的整体盈利能力。

四、治理结构和管理团队优化

（一）治理结构完善

公司建立起完善的董事会、监事会和股东大会制度，形成有效的内部控制和风险管理体系。这会使公司的管理更加规范，从而提升公司的决策效率和风险管理水平。

（二）管理层经验丰富

公司管理层具备丰富的行业经验和出色的管理能力，能够制定清晰且正确的战略决策并有效执行。管理层的稳定性和诚信度也是投资者关注的重点。

（三）股权激励计划

公司实施合理的股权激励计划，激发管理层和员工的积极性，从而大幅提高公司的业绩和竞争力。

五、宏观经济和行业环境有利

（一）宏观经济形势向好

公司面临的宏观经济形势向好，经济增长稳定，政策环境宽松。这有助于提升公司的整体经营环境和市场需求。

（二）行业发展前景广阔

公司所处的行业最好处于上升期，市场需求旺盛，没有恶性竞争，政策支持力度大。这为公司的未来发展提供了更加广阔的空间和机遇。

总之，基本面得到重大改善的公司通常会在盈利能力、财务状况、行业地位和市场竞争力、治理结构和管理团队以及宏观经济和行业环境等方面展现出积极的变化和趋势。这些变化和趋势一方面反映了公司内在价值的提升，另一方面也预示着未来可能的增长潜力和投资机会。投资者在选择股票时，应密切关注这些基本面重大改善导致的变化和趋势，以便筛选出潜在的中线大牛股。

第四节　相关个股的走势特征

由于公司基本面重大改善而催生的中线大牛股，其股价走势往往会表现出一些明显的特征。这些特征充分反映了公司内在价值的提升，也给投资者带来了良好的投资机会。以下是一些公司基本面得到重大改善后其股票可能展现出的走势特征。

一、股价上涨趋势明显

基本面得到重大改善的公司，其股价往往会呈现出明显的上涨趋势，且幅度超过同时期大盘涨幅。这是因为随着公司基本面的重大改善，股票市场对公司未来发展前景的信心增强，投资者对公司的估值预期提高，从而推动股价相比大盘上涨更多。这种上涨趋势可能是长期的，也可能是阶段性的，但总体趋势向上。

二、成交量放大

在公司基本面重大改善催生的股价上涨过程中，成交量往往会放大。这是因为随着公司的业绩快速增长，投资者会预期公司未来估值水平提升，从而吸引更多的投资者开始买入股票，导致成交量增加。成交量的放大进一步证实了股价上涨的有效性，并可能吸引更多的跟风盘进入市场。

三、技术指标向好

随着公司基本面重大改善催生的股价上涨，各种技术指标也往往会呈现出向好的趋势。例如，均线系统可能形成多头排列，MACD 指标可能形成金叉并持续向上发散，KDJ 指标可能进入超买区域并持续钝化等。这些技术指标的向好进一步验证了股价上涨的合理性，并可能吸引更多的技术派投资者参与交易。

四、市场关注度提高

基本面得到重大改善的公司的股票往往会吸引更多的市场关注。这可能是因为相关公司的业绩改善、行业地位提升、新产品推出等消息被市场分析机构挖掘并广泛传播，导致更多的投资者开始关注这些股票。市场关注度的提高不仅有助于推动股价上涨，还可能为公司带来更多的业务机会和合作机会。

五、机构资金介入

基本面得到重大改善的公司的股票往往也会吸引机构资金的介入。机构投资者通常具备更强的研究能力和更丰富的投资经验，他们能够更快地发现那些基本面发生重大改善的公司的股票，并抢先一步大举买入。随着机构资金的介入，这些股票的股价往往能够得到更有力的支撑和推动。

六、估值水平提升

随着公司基本面的重大改善，公司盈利能力、成长潜力等方面均得到提升，从而推动公司估值水平的提升。在估值水平上升的过程中，股价就会上涨得更多，因为业绩的增长也可以支撑和推动股价。因此，基本面得到重大改善的公司的股票，其估值水平往往会呈现出上升趋势。

七、抗跌性强

在市场调整或下跌时，基本面得到重大改善的公司，其股票往往表现出很强的抗跌性。这是因为这些公司的未来业绩预期还有大幅增长的可能，市场对公司未来发展前景的信心较强，因此即使市场出现波动，这些股票的股价也能够在一定程度上保持稳定甚至逆势上涨。

八、长期投资价值凸显

基本面得到重大改善的公司往往具备较高的长期投资价值。这是因为随着公司基本面的持续改善和业绩的稳步增长，公司的内在价值将不断提升。对于长期投资者而言，这些公司应该获得更高的估值水平，并能够提供稳定的回报和具备较低的风险水平。

总体来说，基本面得到重大改善的公司，其股票在走势上往往会展现出股价上涨趋势明显、成交量放大、技术指标向好、市场关注度提高、机构资金介入、估值水平提升、抗跌性强以及长期投资价值凸显等特征。需要指出的是，对于具体的股票，投资者还需要进行具体分析，不能一概而论。因为股票走势受到多种因素的影响，这些因素包括宏观经济环境、市场情绪、政策变化等，所以，投资者在选股时仍需结合多方面的因素进行综合判断。

第五节 相关个股的见顶信号

当公司基本面出现重大改善后，由此催生的中线大牛股往往会出现强劲的上涨行情。然而，随着股价的不断攀升，一些见顶信号也会逐渐显现。投资者应该掌握和密切关注如下预示股价可能见顶的信号。

一、股价与公司基本面严重背离

就算个股相应公司的基本面出现了重大改善，但是如果股价已经充分反映了这些改善，甚至严重透支了未来的盈利预期，那么股价就可能出现了泡沫。此时，投资者应警惕股价回调的风险。例如，个股的市盈率、市净率等指标已经远高于行业平均水平或历史平均水平，这可能意味着股价已经过高，存在见顶回落的风险。

二、成交量异常放大

在个股上涨过程中，如果成交量突然异常放大，特别是伴随着股价的高位大阴线，这可能意味着有大量资金在高位出货。成交量的异常放大是个股见顶的一个重要信号，因为它反映了市场情绪的转变和资金流向的变化。

三、技术指标超买

一些常用的技术指标，如相对强弱指数（RSI）、随机指标（KDJ）等，在个股上涨过程中可能会进入超买区域。如果这些指标在长周期K线图（如周K线图或者月K线图）同时出现了超买信号，就可能预示着个股即将见顶。此时，投资者应密切关注技术指标的走势，并结合其他信号进行综合判断。

四、利好消息兑现

公司基本面重大改善往往伴随着利好消息的发布。然而，一旦这些利好消息被股票市场充分消化，个股的上涨动力便可能会减弱。此时，如果股票市场没有新的利好消息支撑，个股就很容易出现见顶回落的走势。

五、市场情绪过热

在个股上涨过程中，如果股票市场情绪过于乐观，投资者普遍追高买入，可能意味着股票市场已经处于过热状态。这种情况下，个股很容易出现见顶回落的走势。因为股票市场情绪过热往往会导致股价偏离基本面，形成泡沫。一旦市场情绪发生逆转，泡沫就会迅速破灭，相应的个股股价也会大幅下跌。

六、股东减持

当个股的基本面出现重大改善时，一些大股东或原始股东可能会选择减持股份以套现获利。如果个股出现大股东或原始股东大量减持的情况，这可能意味着他们对个股的未来走势持谨慎态度或认为股价已经过高。此时，投资者应警惕股价回调的风险。

七、行业周期性见顶

如果个股所处的行业处于周期性波动中，并且当前已经处于周期性的高点或即将见顶，那么个股的上涨动力也可能会受到抑制。此时，投资者应关注该行业的整体走势和周期性变化，并结合个股的基本面情况进行综合判断。

实战中，以上几种见顶信号较为常见，投资者在判断个股是否见顶时，应综合考虑这些信号并结合个股的具体情况进行分析和决策，尽量做到利润最大化。当然，任何人都难以做到买在最低点，卖在最高点。投资就像吃鱼，如果去掉头和尾，能吃到鱼身也是很不错的。

第六节 相关个股的案例分析

在探讨公司因基本面重大改善而催生的中线大牛股个股案例时，我们可以从多个行业和公司中挖掘出具有代表性的案例。这些案例通常反映个案公司在盈利能力、财务状况、市场竞争力、行业地位以及公司治理结构等方面的显著提升。下面以 2021 年中线大牛股中锐股份为例进行分析。

中锐股份在 2021 年底至 2022 年初的大涨，就是典型的因公司基本面重大改善而催生出的中线大牛股行情。

（一）行情启动之前长期低迷

2021 年是价值投资理念在 A 股市场如日中天的一年。这一年的 2 月份，贵州茅台经过连续数年的持续上涨，最终创出了 2627 元的历史新高，该股也由此成为 A 股市场第一高价股，一众白酒公司的股价也都跟着水涨船高，另外一些基金重仓的优质白马股也借着这股东风纷纷创出历史最高价。虽然到了年中，白马股们集体经历了一轮下跌，但是到了年底，它们又纷纷反弹接近年初的高点，价值投资的风潮整整刮了 1 年。在此背景下，大部分被市场认为基本面表现不佳的绩差股的走势则可说是愁云惨淡，几乎全年下来走势都是萎靡不振。中锐股份的股价在 2021 年 11 月 25 日之前同样低迷，下面来看它这一段时间的走势，见图 5-6-1。

图 5-6-1 是中锐股份的日 K 线图，图中时间跨度为 2017 年 8 月至 2021 年 11 月。可以看到，该股在 2017 年 9 月见顶后股价持续下跌，经过几年的震荡下跌，直到 2021 年 1 月跌至 1.99 元的最低点。在同期白马股纷纷创历史新高的时候，该股却创出了历史最低点，此后虽然有所反弹，但没能站上 4 元关口再度下跌。该股在 4 元下方持续震荡了 3 年多，这一点完全符合我们对中线大牛股的选股要

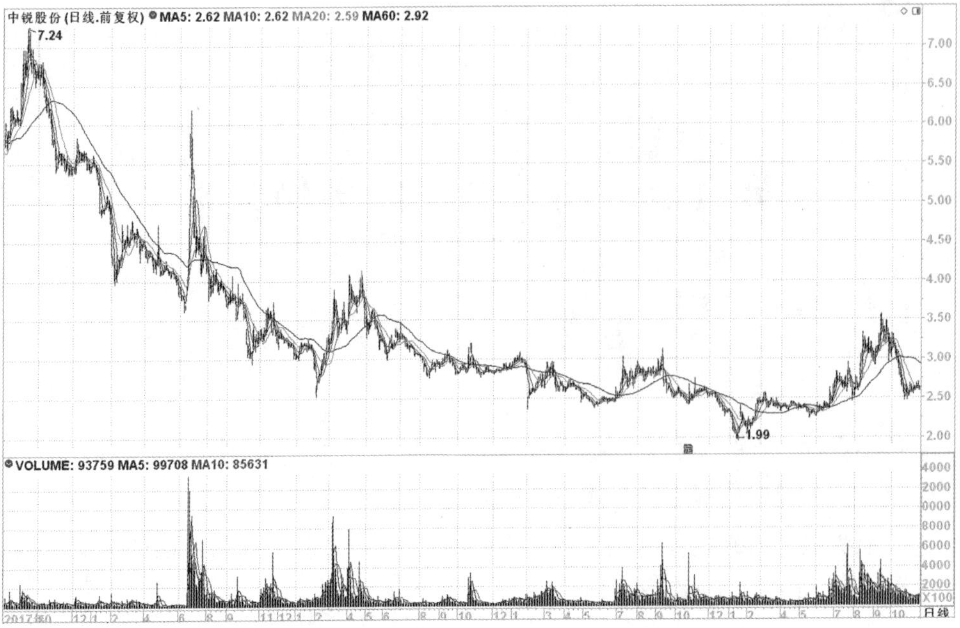

图 5-6-1　中锐股份（002374）日 K 线（1）

求，即有长期的低位震荡过程。

（二）行情启动前的估值情况

下面我们来计算中锐股份行情启动前的估值，见图 5-6-2。

图 5-6-2 是中锐股份 F10 资料中的财务分析栏目，由于该股爆发的时间为 2021 年 11 月，当时 2021 年的年报还未公布，我们只能根据 2020 年的数据进行计算。从图 5-6-2 中，我们可以看到几个 2020 年的关键数据：营业总收入为 6.1605 亿元，净利润为-1.7948 亿元，基本每股收益为-0.19 元，每股净资产为 2.4895 元。若设定行情启动前的股价为 2.62 元，可以计算如下：

市净率 = 2.62÷2.4895 = 1.05

总市值 = 2.62×（-1.7948÷-0.19）= 24.75（亿元）

市销率 = 24.75÷6.1605 = 4.02

计算结果是市净率 1.05，这是一个非常低的状态，完全符合我们对中线大牛股的要求，市销率 4.02 不算太低，但是考虑到该股总市值不到 25 亿元，属于典型的小盘股，因此总体来说中锐股份的估值是很低的。

☆财务分析☆ ◇002374 中锐股份 更新日期：2024-10-26◇ 港澳资讯 灵通V8.0
☆【港澳资讯】所载文章、数据仅供参考，使用前务请仔细核实，风险自负。☆
★本栏包括【1.财务指标】【2.报表摘要】【3.异动科目】【4.环比分析】★

【1.财务指标】
【主要财务指标】

财务指标	2024-09-30	2023-12-31	2022-12-31	2021-12-31	2020-12-31	2019-12-31
审计意见	未经审计	标准无保留意见	标准无保留意见	标准无保留意见	无保留意见+强调事项	标准无保留意见
净利润(元)	-8266.8285万	-1.607亿	-6.8712亿	-6.6242亿	-1.7948亿	3380.8622万
净利润增长率(%)	-102.9(L)	76.6(L)	-3.7(L)	-269.1(L)	-630.8623	104.3(P)
扣非净利润(元)	-8913.7997万	-1.6741亿	-7.0274亿	-6.6856亿	-1.7499亿	-2911.5806万
营业总收入(元)	4.5931亿	7.107亿	8.4061亿	6.826亿	6.1605亿	11.7255亿
营业总收入增长率(%)	-4.1867	-15.4546	23.1479	10.8029	-47.4609	-6.0371
加权净资产收益率(%)	-7.17	-12.63	-40.5	-27.92	-7.3	1.4
资产负债比率(%)	70.6061	69.2726	65.6748	55.4739	49.7935	57.1822
净利润现金含量(%)	-27.4037	-21.3666	-4.0341	-38.2496	-18.906	467.4114
基本每股收益(元)	-0.0762	-0.15	-0.63	-0.61	-0.19	0.04
每股收益-扣除(元)	-	-0.15	-0.65	-0.61	-0.19	-0.03
稀释每股收益(元)	-0.0762	-0.15	-0.63	-0.61	-0.19	0.04
每股资本公积金(元)	1.8962	1.8995	1.8996	1.8991	1.8991	2.0604
每股未分配利润(元)	-1.8879	-1.8119	-1.6642	-1.0326	-0.4238	-0.3082
每股净资产(元)	1.0194	1.0978	1.2438	1.8749	2.4895	2.77
每股经营现金流量(元)	0.0208	0.0316	0.0255	0.2329	0.0312	0.1801
经营活动现金净流量增长率(%)	-36.3781	23.8754	-89.0601	646.713	-78.5275	141.0(P)

图 5-6-2 中锐股份（002374）财务分析

（三）主升浪分析

中锐股份的股价大爆发来源于公司基本面的重大改善，具体来说就是公司成立新的子公司进行并购重组开拓新业务。公司原本主营生产白酒专用的防伪瓶盖，但是通过成立新的子公司直接介入白酒生产，这就使公司赶上了 2021 年白酒行业如日中天的发展浪潮。

公司运作的过程主要集中在 2021 年最后几个月，9 月 9 日出资 2 亿元注册成立贵宴樽酒业（上海）有限公司，然后注册贵宴樽、贵宴樽 15、贵宴正樽、贵宴金樽等系列 15 个商标。10 月 18 日，公司将原来旗下注册资本 1 亿元的教育整合平台更名为贵宴（江苏）酒业投资有限公司。值得注意的是，公司实际控制人钱建蓉出任该公司的董事，作为上市公司实控人的集团大老板，出任下属公司董事，足以看出其对酒业资产并购的态度！到了 11 月 27 日，中锐股份举行了贵宴樽酒业成立揭幕暨与波波匠合作签约仪式，并发布了贵宴樽酒业战略布局，同时贵宴金樽系列白酒也宣告上市。下面我们再来看二级市场上该公司股票的表现，见图 5-6-3。

图 5-6-3 是中锐股份的日 K 线图，图中时间跨度为 2020 年 12 月至 2022 年 1

图 5-6-3 中锐股份（002374）日 K 线（2）

月。该股从 2021 年初见底后长时间在低位震荡，到了 9 月份反弹到 L3 上方，但是未能突破 L4 又转头下跌到 L1 以下，在低位横盘 1 个月后股价开始启动。

由于该公司在 2021 年 11 月 27 日（星期六）举行下属白酒子公司的发布会，股价提前 2 天开始启动。11 月 25 日放量大涨 6.49%，此后更是连续 5 天封死涨停板，一口气突破了 L4。到了第 6 天早上短暂封住涨停板，但被打开，此后连续 2 天股价大跌又回到 L4 附近。在 L4 附近获得支撑后股价再次飙升，8 天收出 7 个涨停板，直接拉到 L6 附近。在 L6 下方股价稍微回落整理几个交易日后又继续拉升几个涨停板，最后达到 L8 上方才见顶。

从该股开始拉升之后的表现看，到了黄金分割位的重要节点位置，都出现了股价的突破后回踩，或者遇阻震荡，即使是连续涨停板，到了重要的节点位置也会打开涨停板。如果投资者能够踏准节奏，完全可以在回踩支撑位的时候适当介入，并在重要阻力位逃顶。

（四）见顶分析

1. 高位大阴线放量

该股经过连续大幅拉升之后也不可避免地见顶回落，股价的见顶会有各种蛛丝马迹，下面先来看日 K 线图的见顶形态，见图 5-6-4。

图 5-6-4 是中锐股份的日 K 线图，图中时间跨度为 2021 年 11 月至 2022 年 1

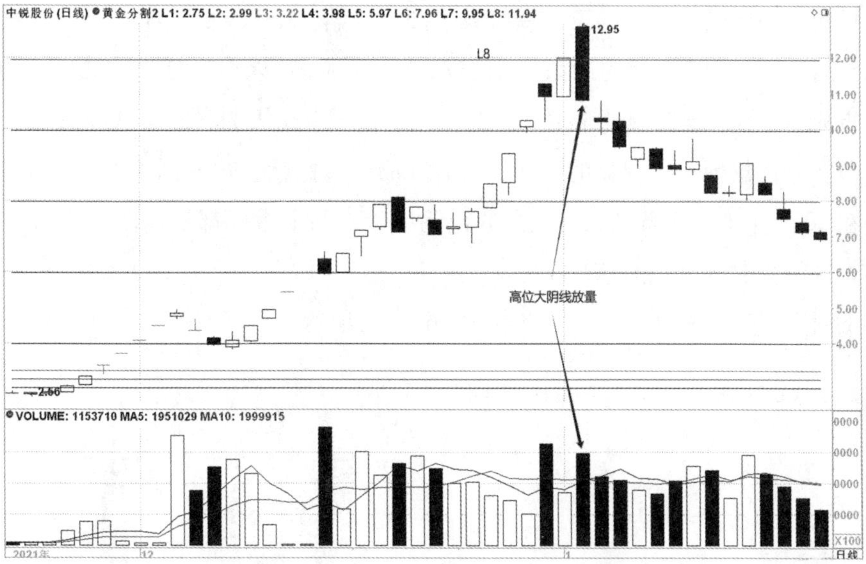

图 5-6-4　中锐股份（002374）日 K 线（3）

月。该股在 2022 年 1 月 5 日创新高的同时，收出一根放量的大阴线并以跌停板收盘，加之这一天股价又是在 L8 附近冲高回落，见顶的信号就很明显了。

2. 技术指标超买

下面再来看周 K 线图，见图 5-6-5。

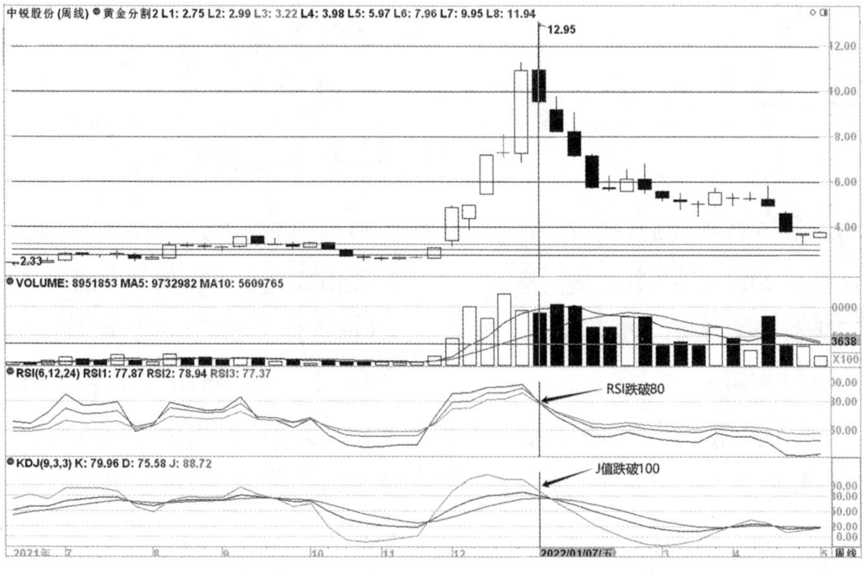

图 5-6-5　中锐股份（002374）周 K 线

图 5-6-5 是中锐股份的周 K 线图，图中时间跨度为 2021 年 6 月至 2022 年 5

月。该股在 2021 年 12 月的第一周拉升大阳线开始，RSI 指标就连续上升，到了上涨的最后三周，RSI 指标的三条线全部都上行到了 80 以上，处于严重超买状态；KDJ 指标的 J 值连续四周处于 100 以上，这也是严重超买的状态。这种情况一旦出现，只要股价出现一根明显的阴线，RSI 和 KDJ 指标就会快速向下脱离超买区域，图中在 2022 年 1 月 7 日结束这一周收出阴线后，两个指标都快速向下脱离了超买区域，这就是股价见顶的信号。

下面继续来看月 K 线图，见图 5-6-6。

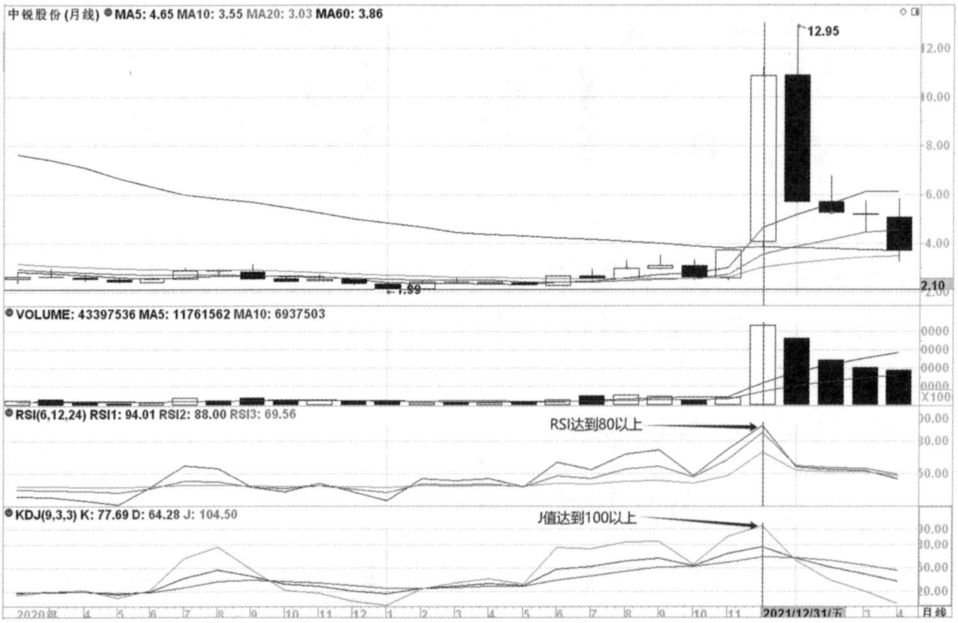

图 5-6-6　中锐股份（002374）月 K 线

图 5-6-6 是中锐股份的月 K 线图，图中时间跨度为 2020 年 1 月至 2022 年 4 月。该股在 2021 年 12 月收出一根巨大的月 K 线阳线，可以看到下方的 RSI1 数值达到了 94，RSI2 数值达到了 88，KDJ 指标的 J 值达到了 104。对于 RSI 指标来说，80 以上就是超买区域，图上 2 条线都达到了 80 以上；对于 KDJ 指标来说 J 值达到 100 以上就是严重超买了，此处也达到了。这是该股第一次出现月线级别的超买，再加上月线巨大的阳线，更应引起投资者的注意，见顶的信号更加明显。

（五）波浪理论分析

下面我们用波浪理论来划分中锐股份的涨跌形态，见图 5-6-7。

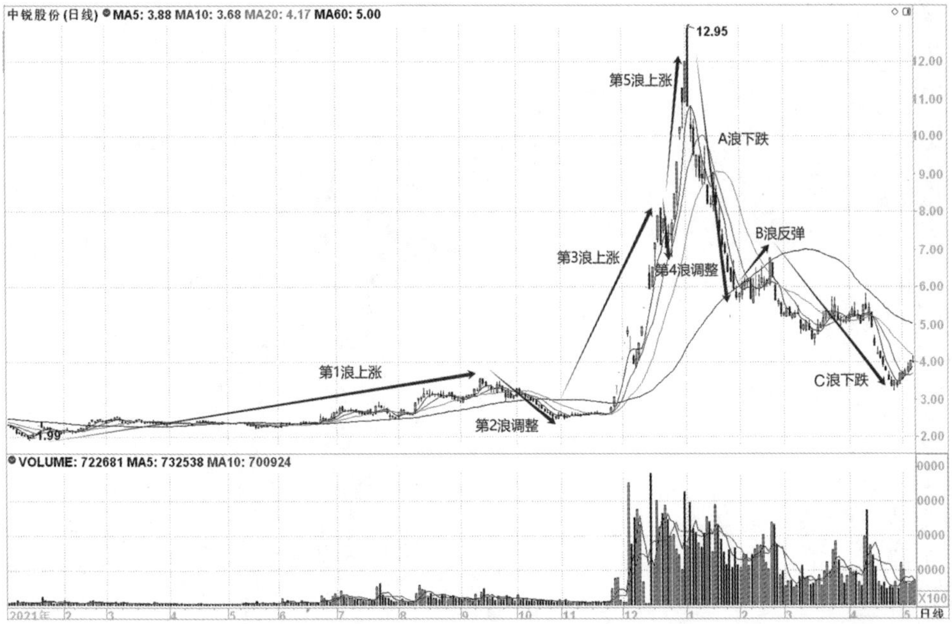

图 5-6-7 中锐股份（002374）日 K 线（4）

图 5-6-7 是中锐股份的日 K 线图，图中时间跨度为 2021 年 1 月至 2022 年 5 月。该股的走势比较特殊，第 1 浪上涨所花的时间非常长，这是因为主力资金在低位建仓需要很长的时间。第 2 浪下跌期间总体是缩量的，说明主力建仓完毕洗盘也非常成功。第 3 浪上涨就是主升浪，主要分为两段拉升行情。第 4 浪调整非常短暂，幅度也很小，主要是为最后的冲顶做准备。第 5 浪拉升就是最后见顶的过程，特点是高位在重要阻力位出现放量阴线。牛市结束后就是熊市，A 浪下跌是大资金主要出货的阶段，其间有连续的放量阴线下跌。B 浪反弹幅度并不大，主要是为了修复严重超跌的技术指标。最后的 C 浪下跌非常复杂，走出了延伸浪，最后股价几乎回到了上涨之前的位置。

第六章
核心竞争优势与中线大牛股

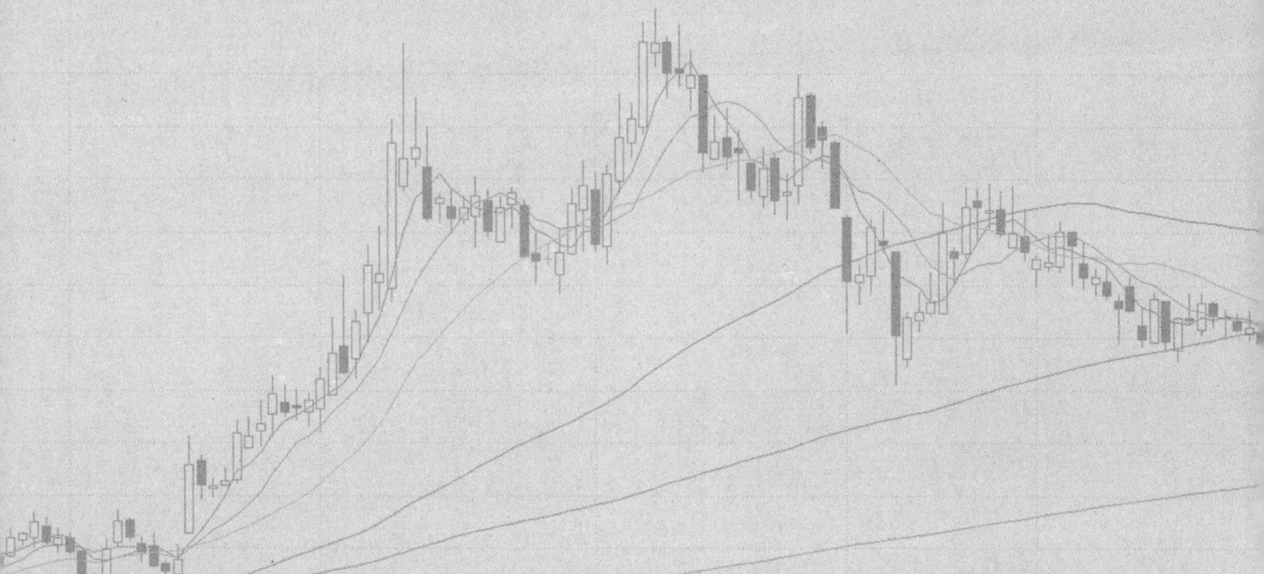

上市公司拥有的核心竞争优势一般体现为拥有某项独家技术或者某种独特的优势产品（服务），并且能够凭借它引领市场潮流，这也是相关公司股票能够脱颖而出成为中线大牛股的底气和基础。

第一节 核心竞争优势总论

具备核心竞争优势多表现为上市公司拥有某项独家技术，这在电子通信、新能源、半导体等高新技术行业最为常见。近年来在我国高新技术行业全面爆发的态势下，这一类上市公司不断涌现，目前已经成为各个细分领域的独角兽公司。还有一类上市公司是因为拥有某种独特的优势产品或服务而具备核心竞争优势，它们主要集中在食品消费、商业零售、中医药等传统行业。

一、独家技术的定义与特点

独家技术是指企业在某一领域或某一产品上拥有独特的技术优势，这些技术可能是通过自主研发、技术创新或专利保护等方式获得的。独家技术通常具有以下特点。

（一）独特性

独家技术是企业独有的技术，其他企业难以模仿或复制，可确保企业在激烈的市场竞争中立于不败之地。

（二）先进性

独家技术往往代表了行业内的最新科技成果，具有显著的行业领先优势。

（三）价值性

独家技术能够为企业带来显著的市场竞争优势和巨大的经济价值。

二、独家技术对企业的影响

（一）提升市场竞争力

独家技术使企业能够生产出具有独特优势的产品或服务，从而在市场上脱颖而出，吸引更多的客户和市场份额，进而提升公司业绩。

（二）推动创新和发展

独家技术往往代表了行业内的最新科技成果，能够推动企业不断进行创新和改进，提高产品质量和服务水平。

（三）增加经济价值

独家技术能够为企业带来显著的经济价值，包括提高销售额、降低成本、增加利润等。

三、上市公司如何保护和发展独家技术

（一）加强专利保护

企业应积极申请专利保护独家技术，防止其他企业模仿或复制。

（二）持续增加研发投入

企业应不断加大研发投入力度，推动技术创新和进步，保持独家技术的领先地位。

（三）注重人才培养和引进

企业应注重培养和引进具有创新能力和技术实力的人才队伍，为独家技术的发展提供有力支持。

总之，上市公司拥有的独家技术是其保持市场竞争力和推动行业进步的关键所在。企业应积极加强专利保护、持续增加研发投入以及加强人才培养和引进等工作，不断推动独家技术的发展和应用。

四、独家技术引领潮流的公司类型

具有独家技术的上市公司多种多样，它们通常在某个特定领域或行业中拥有显著的技术优势，并通过不断创新和突破，推动整个行业的发展。以下是一些典型的公司类型及其独家技术特点。

（一）科技创新型企业

这类公司通常专注于人工智能、大数据、云计算、物联网等前沿科技领域，通过自主研发和创新，掌握了一系列核心技术。例如，谷歌的 TensorFlow 框架已经成为全球最受欢迎的开源工具之一，其深度学习技术在自动驾驶、医疗影像分析等多个领域都有着广泛的应用。又如，IBM 的 Watson 平台在医疗、金融等多个行业有着广泛应用，通过自然语言处理、图像识别等技术，为各行业提供了强大的技术支持。

（二）生物科技企业

生物科技企业通过基因编辑、细胞治疗、生物制药等独家技术，在医疗健康领域取得了重大突破。例如，美国波士顿生物技术公司 Verve Therapeutics 开展的试验取得突破性进展：单剂 CRISPR 基因编辑疗法成功使患者胆固醇水平显著下降，且未出现严重副作用，其效果可能持续终生。这类企业不仅推动了医疗健康技术的进步，还为患者带来了希望和更好的治疗选择。

（三）新能源企业

随着全球各国对环保和可持续发展的重视，新能源企业凭借其在太阳能、风能、电动汽车等领域的独家技术，引领了能源行业的变革。例如，宁德时代作为全球领先的动力电池生产商，其自主研发的三元锂电池和磷酸铁锂电池具有高能量密度、长循环寿命和安全性高等优势，为新能源汽车产业的发展提供了有力支持。

（四）智能硬件企业

智能硬件企业通常专注于智能家居、智能穿戴设备、智能机器人等领域，通过集成传感器、人工智能、物联网等技术，为用户提供更加便捷、智能的生活体验。例如，追觅科技在智能清洁行业表现出色，其扫地机器人 L40 Ultra 和智能洗地机 H14 Pro 凭借仿生双机械足高越障、自升降全景激光雷达等独家技术，解决了传统扫地机器人使用难点问题，提升了家庭清洁体验。

（五）高端制造企业

高端制造企业通常拥有先进的制造技术和工艺，能够生产出高质量、高附加值的产品。例如，一些企业在航空航天、精密仪器、高端装备等领域拥有独家技术，通过不断提升产品质量和性能，满足了市场对高品质产品的需求。

（六）软件与互联网企业

这类公司通常专注于软件开发、互联网平台运营等领域，通过技术创新和商业模式创新，为用户提供更加高效、便捷的服务。例如，腾讯开发的技术在游戏、社交、金融等多个领域都有着广泛应用，其助手“腾讯小微”在智能客服、智能问答等方面表现出色，提升了用户体验和满意度。

综上所述，这些公司类型虽然各不相同，但它们都通过独家技术引领了行业潮流，推动了相关产业的发展和进步。这些独家技术不仅增强了企业的市场竞争力，还为整个行业树立了新的标杆。

五、公司拥有的某种独特优势产品或服务

在探讨公司拥有的独特优势产品或服务时，投资者需要具体分析，并做出相应的投资决策。这些独特优势产品或服务涉及历史积累的独特产品、历史积累的独家行业经验、独有的品牌认知度与忠诚度等多个方面。

（一）历史积累的独特产品

一些公司拥有经过长期历史沉淀形成的独特产品，在市场中具有不可替代的地位，可以让其凭借这种拳头产品立于不败之地。这种独特产品往往都具有独特的配方，或者掌握了稀缺的原材料，并在生产生活中具备广泛的使用价值。例如，上市公司云南白药和片仔癀分别拥有我国上市公司中仅有的 2 例国家绝密配方药品，这是历史形成的独特产品，不可复制。

（二）历史积累的独家行业经验

一些公司可能拥有悠久的历史和丰富的行业经验，这使得其在特定领域内具有深厚的专业知识和技术积累。这种历史积累不仅为公司提供了宝贵的经验和教训，还为其在市场竞争中保持优势地位奠定了坚实的基础。例如，上市公司东阿阿胶继承了当地自古以来的产品制造方法，掌握了丰富的行业经验，生产的阿胶类药品和保健品优势明显。

（三）独有的品牌认知度与忠诚度

通过长期的市场营销和品牌建设，一些公司建立了独有的品牌认知度和忠诚度。消费者对其品牌的高度认可和信赖，可以让公司吸引并留住大量忠诚客户，也使其在市场竞争中占据独特的有利地位。例如，上市公司贵州茅台在白酒行业建立了独一无二的高端品牌，成为公司源源不断获取丰厚利润的金字招牌。

（四）独特的市场定位与差异化竞争策略

有的公司可能会通过独特的市场定位和差异化竞争策略来构建其竞争优势。例如，上市公司首创证券在整体行业经纪业务低迷的情况下大力发展资产管理类和投资类业务，传统的经纪业务在公司经营中的占比持续降低，公司通过提供差异化服务保证了业绩稳定。

（五）独特的人才资源

拥有特殊的人才资源也是公司的独特优势之一。通常来说，特殊的人才资源能够为公司带来明显的竞争优势。例如，上市公司华谊兄弟作为国内的影视剧制作的龙头企业，旗下签约了国内众多的当红演艺明星，这成为了公司的核心竞争力。

综上所述，公司的独特优势产品或服务可能来自多个方面，包括历史积累的独特产品、历史积累的独家行业经验、独有的品牌认知度与忠诚度等。这些优势之中的某项或者几项共同构成了公司的核心竞争力，使其在市场竞争中脱颖而出并持续发展壮大。

第二节　拥有核心竞争优势的公司特征

拥有独家技术或者独特优势产品（服务）的公司，往往会呈现出一系列鲜明的特征。这些特征不仅体现在其技术创新和市场定位上，还深深植根于公司的文化、战略和日常运营中，主要包括如下几个方面。

一、公司可能具备的专长

拥有独家技术或者独特优势产品（服务）的公司必须具备某方面的专长，才能在激烈的市场竞争中立于不败之地。

（一）拥有专利或专有技术

这类公司拥有专利或专有技术，这些专利或专有技术是其产品或服务的核心竞争力，难以被竞争对手复制或替代。

它们通常将技术创新视为公司生存和发展的核心动力，不断投入研发资源，以保持其在行业的领先地位。

（二）独特的市场定位

拥有独家技术或独特优势产品（服务）的公司往往能够准确识别市场需求，并通过提供差异化的产品或服务来满足这些需求。它们可能占据较大的市场份额，甚至在某些领域处于垄断地位。

这些公司的市场定位可能基于独特的品牌形象、价值主张或客户体验，从而在消费者心中建立起独特的认知。

（三）强大的品牌影响力

这类公司通常拥有强大的品牌影响力，其品牌名称和标识在市场上具有高度的认知度和美誉度。

强大的品牌影响力不仅有助于吸引新客户，还能增强现有客户的忠诚度，为公司的长期发展奠定坚实基础。

（四）高效的运营体系

拥有独家技术或独特优势产品（服务）的公司往往具备高效的运营体系，能够迅速响应市场变化，灵活调整战略和业务模式，以保持竞争优势。

这类公司可能拥有先进的生产流程、供应链管理系统或客户服务机制，以确保产品或服务的质量和效率。它们可能具备敏锐的市场洞察力和预见性，能够提前布局，为未来的竞争打下基础。

（五）卓越的人才团队和领导力

这类公司通常拥有一支高素质的人才团队，其成员包括技术专家、市场营销人员、管理人员等。

人才团队是公司技术创新和市场拓展的重要支撑，他们的专业知识和经验为公司的发展提供了源源不断的动力。此类公司领导力强大，能够引领公司不断前进，同时注重员工培养和团队建设。

（六）优质的客户关系和供应链管理

拥有独家技术或独特优势产品（服务）的公司通常与客户建立了长期稳定的合作关系，这种关系基于信任、质量和价值。

这类公司在供应链管理方面通常也表现出色，能够高效地整合资源，降低成本，提高运营效率。

（七）优秀的企业文化和价值观

拥有独家技术或独特优势产品（服务）的公司往往注重企业文化和价值观的建设和塑造。优秀的企业文化和价值观是公司精神风貌和核心竞争力的体现，它们能够激发员工的归属感和创造力，推动公司持续发展。

（八）一流的战略规划和执行力

这类公司通常具备一流的战略规划和执行力，能够准确把握市场趋势和竞争态势，制定并实施有效的战略计划。

此类公司特别注重长期发展和可持续经营，通过不断优化业务流程、拓展市场份额和提升品牌影响力来增强公司的竞争力。

很显然，拥有独家技术或独特优势产品（服务）的公司通常具备拥有专利或专有技术、独特的市场定位、强大的品牌影响力、高效的运营体系、卓越的人才团队和领导力、优质的客户关系和供应链管理、优秀的企业文化和价值观以及一流的战略规划和执行力等特征。这些特征共同构成了公司的独特优势，使其在激烈的市场竞争中脱颖而出，成为行业内的佼佼者。投资者在筛选中线大牛股时，对拥有独家技术或独特优势产品（服务）的公司需要特别关注。

二、公司基本面特征

拥有独家技术或独特优势产品（服务）的上市公司，在基本面特征上往往表现出色。这些特征不仅体现了企业的核心竞争力，也为其在资本市场上的良好表现奠定了坚实基础。这类公司的基本面通常具有如下几个特征。

（一）盈利能力突出

拥有独家技术或独特优势产品（服务）的上市公司，由于其产品或服务具有独特性和先进性，往往能够占据较高的市场份额，并享有较高的溢价。这种市场地位使得这类公司能够保持稳定的盈利能力，毛利率和净利率通常高于行业平均水平。例如，一些高科技企业凭借其独家的芯片技术、生物科技或新材料技术，在相关市场上获得了显著的竞争优势，实现了较高的盈利水平。

（二）成长性强劲

独家技术或独特优势产品（服务）的不断研发和应用，往往能够开辟新的市场空间或提升现有市场的渗透率。这使得拥有独家技术或独特优势产品（服务）的上市公司在成长过程中具有更大的发展潜力和空间。这类公司通常能够保持较高的增长速度，无论是营业收入还是净利润，都呈现出快速增长的态势。例如，一些新能源汽车企业凭借其独家的电池技术、驱动系统等，在新能源汽车市场上迅速崛起，成为行业内的佼佼者。

（三）研发投入高

为了保持技术领先地位和提升创新能力，拥有独家技术或独特优势产品（服务）的上市公司通常会在研发上投入大量资金。这类公司深知技术创新是企业发展的核心驱动力，因此会不断加大研发力度，提升技术水平。高研发投入不仅有助于企业推出更多具有竞争力的产品或服务，还能够为企业带来持续的技术储备和创新能力。例如，一些科技巨头企业每年的研发投入都占据其营业收入的较高比例，这些投入为企业的长期发展奠定了坚实基础。

（四）人才储备丰富

独家技术或独特优势产品（服务）的研发和应用需要高素质的人才队伍作为支撑。因此，拥有独家技术或独特优势产品（服务）的上市公司通常会在人才储备上下足功夫。这类公司注重培养和引进具有创新能力和技术实力的人才，为他们提供良好的工作环境和发展空间。丰富的人才储备不仅有助于企业保持技术领先地位，还能够为企业带来更多的创新灵感和发展机遇。

（五）市场地位稳固

由于独家技术或独特优势产品（服务）的独特性和先进性，拥有这类技术或产品（服务）的上市公司往往能够在市场上占据稳固的地位。这类公司不仅享有较高的品牌知名度和美誉度，还能够与上下游企业建立紧密的合作关系，形成稳定的供应链和销售渠道。稳固的市场地位使得这些公司能够更好地应对市场变化和竞争挑战，长期保持稳定发展。

（六）财务状况稳健

拥有独家技术或独特优势产品（服务）的上市公司通常具有稳健的财务状况。这类公司能够保持较高的盈利水平和成长性，使得其现金流和资产负债表保持健康状态。稳健的财务状况不仅有助于企业应对各种风险和挑战，还能够为企业提供更多的发展机遇和资金支持。

总体而言，投资者在关注这类公司时，可以从盈利能力、成长性、研发投入、人才储备、市场地位和财务状况等方面进行综合考量。

三、公司的成长性特征

拥有独家技术或独特优势产品（服务）的上市公司，其成长性往往表现出色。这类公司凭借其在某一领域或某一产品上的独特优势，能够在市场竞争中脱颖而出，实现快速、稳定的发展。

（一）技术领先带来的市场优势

拥有独家技术或独特优势产品（服务）的上市公司，其产品或服务往往具有独特的竞争优势。这种技术优势可能体现在性能、成本、效率等多个方面，使得公司在市场上能够迅速占据领先地位。随着技术的不断迭代和升级，公司能够持续推出具有竞争力的新产品或服务，满足市场需求，进一步巩固市场地位。这种市场优势为公司带来了稳定的收入来源和持续增长的动力。

（二）创新能力驱动的成长潜力

独家技术或独特优势产品（服务）的研发和应用往往需要企业具备较强的创新能力。这类公司通常拥有一支高素质的研发团队，能够紧跟技术发展趋势，不断探索新的技术路径和应用场景。通过持续的技术创新和优化，公司能够不断提升产品或服务的性能和质量，以满足市场需求的不断变化。这种创新能力不仅为公司带来了更多的增长机会，还为其在激烈的市场竞争中保持领先地位提供了有力保障。

（三）财务表现突出

拥有独家技术或独特优势产品（服务）的上市公司，其成长性在财务表现上通常也十分突出。这类公司往往能够保持较高的毛利率和净利率水平，同时营业收入和净利润也呈现出快速增长的态势。随着市场份额的不断扩大和技术的不断升级，公司的盈利能力有望持续提升。此外，这类公司通常也具备较强的现金流生成能力，能够为公司的长期发展提供充足的资金支持。

（四）行业趋势的引领者

独家技术或独特优势产品（服务）的研发和应用往往能够引领行业的发展趋

势。拥有这类技术或产品（服务）的上市公司，通过不断地创新和优化，能够推动整个行业的进步和发展。随着技术或产品（服务）的不断成熟和应用的不断拓展，公司有望成为行业内的领导者，并制定行业标准和规范，进一步巩固其在市场上的领先地位。

（五）体现出长期投资价值

对于投资者而言，拥有独家技术或独特优势产品（服务）的上市公司通常具有较高的长期投资价值。这类公司凭借其独特的优势和创新能力，能够在市场上保持领先地位并实现持续稳定的发展。随着公司业绩的不断提升和市场地位的巩固，其股价也有望实现长期上涨。因此，对于寻求长期投资机会的投资者而言，关注这类公司是一个不错的选择。

综上所述，拥有独家技术或独特优势产品（服务）的上市公司在成长性方面表现出色，这些公司凭借其在某一领域或某一产品上的独特优势，能够在市场竞争中脱颖而出并实现快速、稳定的发展。对于投资者而言，关注这类公司并深入了解其技术实力和市场前景是筛选中线大牛股的重要途径。

第三节　相关个股的走势特征

拥有独家技术或独特优势产品（服务）的上市公司，在资本市场上的走势往往呈现出一些独有的特征。这些特征不仅反映了公司自身的技术实力和市场地位，也体现了投资者对这类公司的信心和期待。投资者可结合公司基本面和股价走势特征，筛选出心仪的潜在中线大牛股。其表现主要包括如下几个方面。

一、股价表现强劲

拥有独家技术或独特优势产品（服务）的上市公司，由于其产品或服务在市场上具有独特的竞争优势，往往能够吸引较多投资者关注。这种关注不仅体现在公司的基本面数据上，也直接反映在其股价表现上。从历史走势来看，这类公司的股价往往呈现出较强的上涨趋势，尤其是在技术突破、新产品发布或新市场拓展等关键节点上，股价往往会有显著的上涨表现。

二、抗风险能力强

由于独家技术或独特优势产品（服务）的独特性和稀缺性，拥有这类优势的上市公司往往能够在市场波动中表现出较强的抗风险能力。当市场整体出现下跌或调整时，这类公司由于其独特的竞争优势和稳定的盈利能力，往往能够抵御市场波动带来的风险，股价表现相对稳定。此外，在行业竞争加剧或市场环境变化时，这类公司也能够凭借其技术或产品（服务）优势保持市场份额和盈利能力，从而保持股价的稳定。

三、高成长性和高估值

拥有独家技术或独特优势产品（服务）的上市公司，由于其产品或服务在市场上具有较大的增长潜力和盈利空间，往往能够吸引较多投资者关注。这种关注不仅体现在股价表现上，也直接反映在公司的估值水平上。从历史走势来看，这类公司的估值水平往往较高，市盈率、市净率等指标通常处于行业前列。这反映了投资者对这类公司未来成长性和盈利能力的信心。

四、受政策和技术周期影响显著

拥有独家技术或独特优势产品（服务）的上市公司，其股价走势往往受到政策和技术周期的影响较为显著。一方面，政府政策的支持或限制可能会对公司的业务发展产生重要影响，进而影响股价表现。另一方面，技术周期的变化也可能对公司的技术实力和市场地位产生影响。例如，在新技术兴起的初期，拥有相关独家技术的公司可能会受到市场的热烈追捧，股价大幅上涨；而在技术成熟期或衰退期，公司的股价表现可能会受到一定压力。

五、投资者关注度高

由于独家技术或独特优势产品（服务）的独特性和稀缺性，拥有这类优势的上市公司往往能够吸引较多投资者关注。这种关注不仅体现在股价表现上，也反映在公司的股东结构、交易量等多个方面。从历史走势来看，这类公司的股东结构往往较为分散，交易量也相对较大。这反映了投资者对这类公司的兴趣和参与度较高。

对于投资者而言，关注这类公司并深入了解其技术实力和市场前景是挖掘投资机会的重要途径。不过，需要注意的是，任何投资都存在风险，投资者在做出投资决策前应充分了解这类公司的基本面和可能面临的市场风险，谨慎投资。

第四节 相关个股的见顶信号

在二级市场上，拥有核心竞争优势的公司虽然具有较强的竞争力和发展潜力，但同样也会受到市场波动、行业变化等多种因素的影响，因此其股票价格同样会有见顶的时候，只不过顶部的级别不一样，有多年的大顶和几个月的小顶等区分。以下是一些常见的见顶信号，投资者必须密切关注。

一、量能见顶

量能见顶是股价见顶的重要信号之一。当股票价格上涨到一定程度时，如果成交量出现异常放大，但股价涨幅却开始收敛或甚至出现滞涨现象，这可能表明市场已经失去了上行动力。特别是当成交量达到天量水平后，股价难以继续维持上涨趋势，此时应警惕见顶风险。

二、K 线形态异常

K 线形态是判断股票是否见顶的重要依据。一些经典的顶部形态如高位十字星、长上影线、乌云盖顶、M 头等形态，都可能是见顶的信号。这些形态通常出现在股价上涨到一定程度后，表示市场多空分歧加剧，买方力量开始减弱，卖方力量逐渐增强。

三、MACD 顶背离后死叉

MACD 指标是一种常用的技术分析工具，其死叉往往被视为见顶信号。当股价经过大幅拉升后出现回调，MACD 指标向下运行，后面股价再次上涨并创新高，但是 MACD 指标却不能再创新高，这就是 MACD 指标顶背离，可能表明股价即将见顶。

四、击破重要均线

均线对股价上涨具有重要的支撑力量。当股价上涨到一定程度后，如果跌破重要的均线如 5 日均线、10 日均线甚至 30 日均线等，并且无法在短时间内收复，这可能表明股价已经失去了均线的支撑，见顶风险加大。

五、利好兑现

对于拥有独家技术或独特优势产品（服务）的公司来说，其股价往往会在利好消息公布后出现上涨。然而，当利好消息已经充分反映在股价上时，如果后续没有新的利好消息支撑，股价可能会有见顶的风险。此时应警惕股价出现回调或下跌。

六、基本面恶化

虽然拥有独家技术或独特优势产品（服务）的公司通常具有较强的盈利能力和发展潜力，但如果其基本面出现恶化如业绩下滑、市场份额减少等，这也可能成为股价见顶的信号。投资者应密切关注相关公司的基本面变化，以便及时调整投资策略。

七、市场情绪过热

当个股因为独家技术或独特优势产品（服务）引领市场潮流而受到投资者的追捧时，市场情绪往往会变得过于乐观。然而，市场情绪过热会导致股价偏离基本面，形成泡沫。一旦市场情绪发生逆转，泡沫就会迅速破灭，股价也会大幅下跌。因此，投资者应警惕市场情绪过热的情况，避免在高位追涨。

八、技术领先优势减弱

拥有独家技术的个股之所以受到市场的追捧，在很大程度上是因为其拥有技术优势。然而，如果公司的技术优势逐渐减弱或被其他竞争对手超越，那么其股价的上涨动力也会受到抑制。此时，投资者应关注相关公司的技术研发进展和市场竞争情况，以判断其技术优势是否依然稳固。

九、行业趋势变化

个股的上涨往往与其所处的行业趋势密切相关。如果个股所处的行业趋势发生变化，如市场需求下降、技术进步放缓等，那么个股的上涨动力也会受到抑制。此时，投资者应关注相关行业的整体走势和趋势变化，以判断个股的未来发展前景。

十、大股东减持或机构出货

当个股的股价上涨到一定程度时，一些大股东或机构投资者可能会选择减持股份以套现获利。如果个股出现大股东减持或机构出货的情况，那么这可能是一个见顶的信号。因为这意味着大股东或机构投资者对个股的未来走势持谨慎态度或认为股价已经过高。

需要注意的是，以上见顶信号并非绝对准确，因为股市波动受到多种因素的影响。因此，投资者在判断个股是否见顶时，应综合考虑多种因素和技术指标，并结合市场走势和公司基本面进行综合分析，以提高判断的准确率。

第五节 相关个股的案例分析

拥有核心竞争优势的公司凭借其独家技术或独特的优势产品（服务），在各自领域内建立了强大的竞争壁垒，为投资者提供了巨大的投资机会。

传艺科技在 2022 年下半年的大涨，就是典型的凭借核心竞争优势走出的中线大牛股行情。以下是对其大涨过程的详细分析。

（一）行情启动前的长期低迷

传艺科技主营印制电路板的设计制造，2017 年 4 月上市后该股长期在低位震荡。下面来看看该股在行情启动之前的周 K 线图，见图 6-5-1。

图 6-5-1 传艺科技（002866）周 K 线

图 6-5-1 是传艺科技的周 K 线图，图中时间跨度为 2017 年 9 月至 2022 年 6 月。可以看到，该股从 2018 年 1 月的高点持续向下，股价基本在低位震荡，这期间大多数时间都在黄金分割位 L4 的下方震荡，2020 年 7 月至 10 月该股曾经短暂突破 L4，但很快又重新回落直到创新低，在低位震荡 3 年多。行情启动之前股价基本在 10.35 元附近。

（二）行情启动前的估值

下面我们再来计算传艺科技在行情启动之前的估值水平，见图 6-5-2。

☆财务分析☆ ◇002866 传艺科技 更新日期：2024-09-27◇ 港澳资讯 灵通V8.0
☆【港澳资讯】所载文章、数据仅供参考，使用前务请仔细核实，风险自负。☆
★本栏包括【1.财务指标】【2.报表摘要】【3.异动科目】【4.环比分析】★

【1.财务指标】
【主要财务指标】

财务指标	2024-06-30	2023-12-31	2022-12-31	2021-12-31	2020-12-31	2019-12-31
审计意见	未经审计	标准无保留意见	标准无保留意见	标准无保留意见	标准无保留意见	标准无保留意见
净利润(元)	3285.4741万	4174.5891万	1.1493亿	1.6442亿	1.351亿	7428.8816万
净利润增长率(%)	-19.0009	-63.6757	-30.101	21.7031	81.8532	-22.858
扣非净利润(元)	2890.8028万	3344.4345万	1.7097亿	1.2381亿	1.1713亿	6858.0679万
营业总收入(元)	8.8822亿	17.7352亿	19.9871亿	19.2046亿	17.6984亿	15.3394亿
营业总收入增长率(%)	11.7292	-11.2665	4.0744	8.5102	15.3792	34.1995
加权净资产收益率(%)	1.56	2.02	5.82	8.97	10.73	7.41
资产负债比率(%)	49.5744	51.1195	42.6096	42.9328	34.6912	40.1157
净利润现金含量(%)	90.55	610.79	388.4877	153.7813	116.1629	130.8892
基本每股收益(元)	0.11	0.14	0.4	0.58	0.53	0.3
每股收益-扣除(元)	0.1	0.12	0.59	0.43	0.46	0.28
稀释每股收益(元)	0.11	0.14	0.4	0.57	0.52	0.3
每股资本公积金(元)	3.5798	3.5798	3.5801	3.5353	3.4885	1.704
每股未分配利润(元)	2.4666	2.3681	2.3014	2.0021	1.6223	1.4537
每股净资产(元)	7.3037	7.2052	7.1013	6.7035	6.1804	4.1905
每股经营现金流量(元)	0.1028	0.8807	1.5421	0.879	0.5482	0.3924
经营活动现金净流量增长率(%)	-76.2836	-42.8901	76.5813	61.1155	61.393	280.7939

图 6-5-2 传艺科技（002866）财务分析

图 6-5-2 是传艺科技 F10 资料中的财务分析栏目。由于该股爆发的时间为 2022 年 6 月，当时 2022 年的年报还未公布，我们只能根据 2021 年的数据进行计算，从图 6-5-2 可以看到几个 2021 年的关键数据：营业总收入为 19.2046 亿元，净利润为 1.6442 亿元，基本每股收益为 0.58 元，每股净资产为 6.7035 元。若设定行情启动前的股价为 10.35 元，可以计算如下：

市净率 = 10.35÷6.7035 = 1.54

总市值 = 10.35×（1.6442÷0.58）= 29.34（亿元）

市销率 = 29.34÷19.2046 = 1.53

从以上计算得出，传艺科技在行情启动之前的市净率为 1.54，市销率为 1.53，这都是非常低的水平，再加上该股总市值不到 30 亿元，也是典型的小盘股，完全符合中线大牛股的估值要求。

（三）主升浪分析

传艺科技大涨的主要原因是以自己的核心技术涉足储能和钠离子电池领域，当时钠离子电池仍处于产业化初期阶段，未来具有广阔的前景，其中表前侧储能应用规模最大，约占钠离子电池市场总体规模的 45%。公司自主研发了储能 BMS 及 EMS 模块及控制技术，推出户用储能系统及工商业储能系统。2022 年 6 月 22 日，传艺科技发布公告称，通过全资子公司江苏智纬电子科技有限公司与其他方合作设立孙公司江苏传艺钠电科技有限公司（简称“传艺钠电”），其中智纬电子控股 75%。2022 年 8 月 31 日盘后，传艺科技发布公告称传艺钠电已具备中试生产条件并即将投产运行。传艺科技掌握了核心的高新技术，布局具有巨大发展空间的钠离子电池，从而催生了这波行情。下面来看该股的主升浪走势，见图 6-5-3。

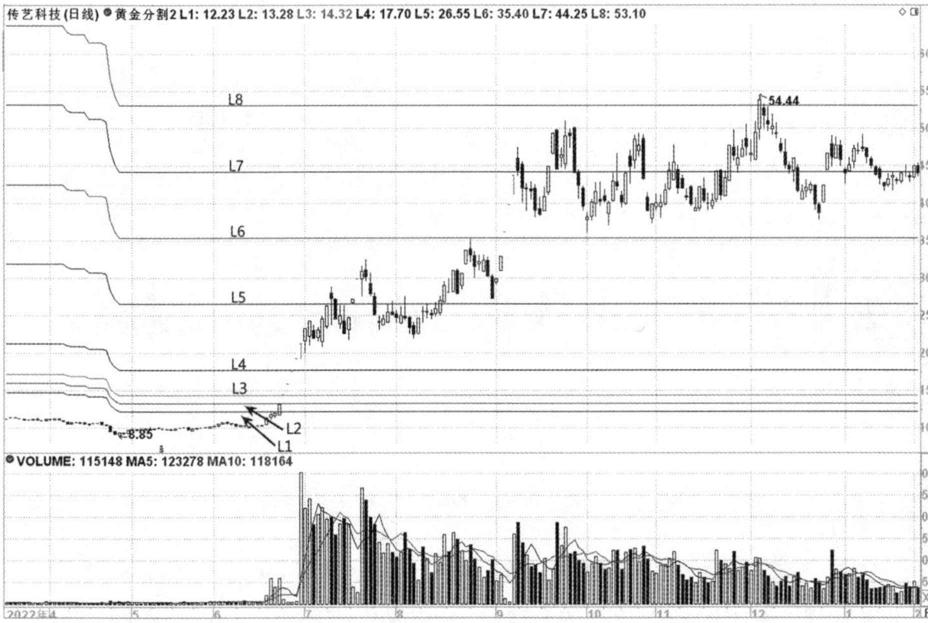

图 6-5-3　传艺科技（002866）日 K 线（1）

图 6-5-3 是传艺科技的日 K 线图，图中时间跨度为 2022 年 3 月至 2023 年 2

月。可以看到，该股的上涨和别的中线大牛股稍有不同，股价从低点开始反弹并未在 L4 下方过多地反复，而是从 L1 下方直接连续涨停板拉升，一口气突破了 L1、L2、L3 和 L4，然后继续拉升到 L5 上方才出现反复震荡。这是因为公司研发出了钠离子电池和储能的核心技术之后，马上投入生产，又刚好赶上了市场热点炒作钠离子电池概念，因此该股被市场资金集体哄抬，跳过了低位建仓的阶段。大资金也是从拉上 L4 之后开始大举建仓，然后该股在 L5 附近震荡洗盘，再向上拉升到 L7 附近震荡，最后经过几个月的高位震荡连创新高到 L8 附近见顶回落。

（四）见顶分析

传艺科技在 2022 年 12 月最高位见顶之时没有出现明显的大阴线放量，但是另一个技术指标 MACD 却出现了明显的顶背离，下面我们来看当时的指标情况，见图 6-5-4。

图 6-5-4　传艺科技（002866）日 K 线（2）

图 6-5-4 是传艺科技的日 K 线图，图中时间跨度为 2022 年 6 月至 2023 年 2 月。可以看到，图中股价创新高的时候，当时的 MACD 却没有再创新高，明显低于前期高点，这就是典型的 MACD 指标顶背离，加上高点位置刚好在 L8 附近，此处见顶的可能性就很大了。

（五）波浪理论分析

下面我们再用波浪理论来分析传艺科技的涨跌走势，见图 6-5-5。

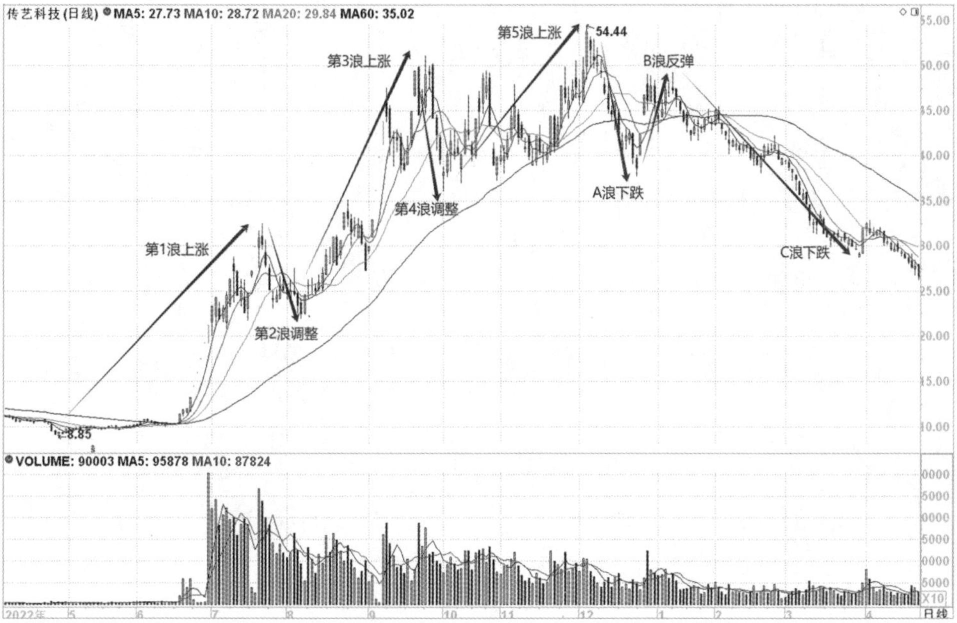

图 6-5-5 传艺科技（002866）日 K 线（3）

图 6-5-5 是传艺科技的日 K 线图，图中时间跨度为 2022 年 4 月至 2023 年 4 月。可以看到，股价的涨跌可以明显地划分为牛市五浪上涨和熊市三浪下跌。第 1 浪上涨可以分为两部分。第一部分是非常平缓的上涨和回落，这是消息公布出来之前市场自发的小资金买卖形成的；第二部分是 2022 年 6 月 20 日股价以一个放量涨停板展开的飙升行情。此后股价屡屡拉出涨停板，在连续五个涨停板打开后的一天，换手率达到了惊人的 50%，这是大资金拉高建仓的结果。连续放巨量的情况持续了 1 个月左右，股价也走完了第 1 浪。随后进行了第 2 浪调整，时间不到 1 个月就完成了调整。此后的第 3 浪上涨，股价在 1 个半月左右完成了翻倍的上涨。第 4 浪调整只有短短 1 周左右的时间，最后展开了复杂的第 5 浪上涨。这一浪股价上涨的幅度远逊于第 1 浪和第 3 浪，基本上只是为了掩护主力出货，该股在高位反复震荡了 2 个多月。

见顶后的A浪下跌非常凌厉，基本回吐了第5浪的全部涨幅。B浪反弹中虽然该股拉出了两个涨停板，但是成交量不大，紧接着的阴线成交量反而超过了这两个涨停板的成交量之和，看来主力还在拉高出货。最后的C浪下跌又使股价回到了第1浪的高点。

第七章
涨价催生大爆发与中线大牛股

在股市中，因涨价催生股价大爆发的现象比较常见，通常指的是由于某种产品或服务的价格上涨，相关上市公司的盈利能力增强，进而推动其股价大幅上涨的情况。中线大牛股往往在前期经过漫长的低位震荡，股价迟迟无法向上突破，等到公司主营产品或服务的价格有上涨的苗头之时，股价就会率先起飞，突破重要阻力位关口。随着公司的产品或服务的不断涨价，中线大牛股也不断拉升，走出轰轰烈烈的主升浪行情。

第一节　涨价催生股价大涨的机制及相关操作提示

因产品或服务涨价催生相关上市公司股价大涨在市场中屡见不鲜，其机制也很好理解，不过需要注意涨价题材股的相关操作提示。

一、涨价催生股价大涨的机制

上市公司生产的产品或提供的服务如果出现持续大幅涨价，就会成为带动公司股价大涨的重要因素，这在A股市场的历史上有诸多案例可以佐证。以下是对这一现象的详细分析。

（一）销售收入和利润增加支撑股价上涨

产品或服务涨价直接提升公司的销售收入和利润水平。这种业绩的提升会进一步支撑股价的上涨。

（二）盈利预期提升推动股价上涨

当公司产品或服务价格上涨时，其盈利能力往往会得到提升。因为价格上涨意味着在销售量不变的情况下，公司的总销售收入会增加，从而使净利润增加。这种盈利预期的提升会吸引更多投资者关注，进而推动股价上涨。

（三）市场需求增加推动股价上涨

产品或服务价格上涨有时是市场需求增加导致的。当市场对某类产品的需求激增时，公司可能会通过提高价格来平衡供需关系。这种市场需求的增加不仅提升了公司的销售收入，还增强了投资者对公司的信心，从而推动股价上涨。

（四）行业地位提升推动股价上涨

在某些情况下，产品或服务价格上涨可能使公司在行业中的地位得到提升。例如，当某家公司成功研发出具有独特优势的产品并成功提价时，其行业地位可能会得到巩固和提升。这种地位的提升会吸引更多投资者关注，进而推动股价上涨。

（五）市场情绪提振推动股价上涨

涨价往往被视为行业景气水平回升或市场需求旺盛的信号，这种积极的市场情绪会提振投资者对相关股票的买入意愿。在乐观情绪的推动下，股价往往会出现大幅上涨。

（六）更多资金关注推动股价上涨

在股市中，涨价题材很容易吸引市场资金的关注。一旦有产品涨价的消息传出，相关上市公司的股票往往会受到资金的追捧，进而出现大幅上涨。

二、相关操作提示

（一）关注涨价可持续性

投资者在关注涨价题材股时，需要更关注产品或服务涨价的可持续性。只有持续稳定的涨价才能为公司带来持续的利润增长和股价上涨动力。昙花一现的涨价催生的股价上涨并不具有可持续性。

（二）分析市场竞争格局

投资者需要关注相关行业的市场竞争格局。如果行业竞争激烈，产品或服务涨价就可能难以持续；而如果公司具有较强的市场地位和定价权，则更容易实现持续稳定的涨价。

（三）综合评估公司业绩

投资者在关注涨价题材股时，还需要综合评估相关公司的业绩情况。只有业绩持续增长的公司，其股价才能更好地上涨。

（四）风险控制

投资者应关注涨价题材股相应公司的基本面和财务状况，确保其具有稳健的盈利能力和良好的现金流状况。同时，也要关注股票的行业前景和市场走势，避免在股价已经过高时盲目追高。

（五）分散投资

为了降低投资风险，投资者可以考虑分散投资于多个不同行业和领域的公司。这样即使某个行业的涨价趋势出现逆转，其他行业的投资也能为投资者提供一定的风险缓冲。

实战中，我发现不少投资者赌性较强，喜欢把所有资金集中在一只股票上，这样做的好处和弊端都很明显。如果市场处于牛市，选中的股票涨势良好，自然可以获得可观的利润；如果市场处于熊市，所持股票持续大跌，则账户亏损风险较大。

综上所述，产品或服务涨价确实有可能催生股价大涨，但投资者在决策时应保持理性，注意风险控制并考虑分散投资以降低风险。

第二节　相关上市公司的基本面特征

因产品或服务涨价催生股价大爆发的个股，其上市公司在基本面上通常表现出一些显著的特征。这些特征不仅反映了公司产品或服务涨价背后的驱动力，也预示了公司未来业绩增长的潜力和股价上涨的可能性。

一、行业地位与市场份额

（一）行业领导者

产品或服务能够成功涨价的公司往往是所在行业的领导者或占据领先市场地位的企业。这些公司具有强大的品牌影响力、技术实力和较高的市场占有率，能够主导或影响行业定价。

（二）市场份额稳定或增长

涨价通常伴随着市场份额的稳定或增长。这意味着公司在面对竞争对手时能够保持优势，可通过涨价进一步巩固市场地位。

二、供需关系与市场需求

（一）供需紧张

产品或服务涨价往往源于供需关系的紧张。当市场需求超过供给时，公司有能力提高价格以维持供需平衡。这种供需关系反映了公司产品或服务的较强的市场竞争力和稀缺性。

（二）市场需求持续增长

市场需求持续增长是公司的产品或服务能够持续涨价的重要支撑。随着市场需求的不断扩大，公司可以通过提高价格来实现更高的销售收入和利润。

三、成本控制与盈利能力

（一）成本控制能力强

产品或服务能够成功涨价的公司通常具备强大的成本控制能力。这意味着公司在生产过程中能够有效降低成本，提升利润空间。

（二）盈利能力显著提升

产品或服务涨价通常可以直接提升公司的销售收入和利润水平。这种盈利能力的提升不仅反映了公司产品或服务涨价的成功，也预示了公司未来业绩增长的潜力。

四、技术创新与产品差异化

（一）技术创新能力强

技术创新是公司产品或服务能够成功涨价的重要驱动力之一。通过不断研发新产品、新技术，公司能够提升产品或服务的附加值和竞争力，从而实现更高的定价。

（二）产品或服务差异化明显

具有显著差异化的产品或服务更容易实现涨价。这些产品或服务在市场上具有独特的卖点和优势，能够满足消费者的特殊需求，从而支撑其更高的价格。

五、政策支持与行业发展

（一）政策支持力度大

政府政策对行业发展的支持力度也是影响公司股价的重要因素之一。当政府出台相关政策支持行业发展时，公司有望受益于政策红利，实现业绩和股价的双重提升。

（二）行业发展趋势向好

公司所处行业的发展趋势也是影响股价的重要因素之一。当行业发展趋势向好时，公司有望受益于行业整体的增长和繁荣，实现业绩和股价的双重提升。

六、财务状况

（一）财务健康

涨价催生其股价大爆发的公司通常具备稳健的财务状况。这类公司具有充足的现金流、较低的负债率和良好的盈利能力，能够支撑公司的持续发展和股价上涨。

（二）分红政策稳定

稳定的分红政策也是吸引投资者的重要因素之一。当公司具备稳定的分红能力时，投资者更愿意长期持有公司股票，从而推动股价上涨。

七、管理层与战略规划

（一）管理层经验丰富

具备丰富管理经验和战略规划能力的管理层是公司产品或服务能够成功涨价并实现公司股价上涨的关键因素之一。他们能够根据市场变化及时调整公司战略和经营策略，以应对各种挑战和抓住机遇。

（二）战略规划清晰

公司具有清晰的战略规划和发展方向也是吸引投资者的重要因素之一。当一家公司具备明确的发展目标和战略规划时，投资者更愿意长期持有这家公司的股票并分享这家公司成长带来的收益。

第三节 相关个股的走势特征

涨价催生股价大爆发的中线大牛股，在走势上通常会展现出一系列显著的特征。这些特征不仅反映了市场对该类个股的强烈关注和资金追捧，也预示了股价未来可能出现的上涨趋势。

一、个股走势特征

（一）股价快速上涨

当某一行业或公司的产品或服务价格出现显著上涨时，相关个股的股价往往会迅速做出反应，出现快速上涨的走势。这种上涨通常伴随着成交量的放大，显示出市场对该类个股的强烈关注和资金追捧。

（二）突破关键阻力位

在股价上涨过程中，个股往往会突破一些关键阻力位，如前期高点、重要均线等。这些突破不仅验证了股价上涨的有效性，也为后续的上涨打开了空间。

（三）成交量显著放大

成交量是衡量市场活跃度的重要指标。在个股大涨的过程中，成交量通常会显著放大，显示出市场对该类个股的强烈交易兴趣和资金流动情况。这种成交量的放大往往伴随着股价的快速上涨，形成正向循环。

（四）技术指标向好

在个股大涨的过程中，各种技术指标如 MACD、RSI 等往往会呈现出向好的趋势。这些技术指标的改善不仅验证了股价上涨的有效性，也向投资者传递了更多的买入信号，增强了其信心。

（五）市场情绪高涨

随着个股股价的上涨，市场情绪往往会逐渐高涨。投资者对该类个股的关注度和讨论度增加，新闻媒体和分析师的正面评价也会增多。这种情绪的高涨可以进一步推动股价的上涨，形成正向循环。

（六）领涨示范效应

在某一行业或板块内，往往会出现一些领涨个股。这些个股的涨幅和涨速通常会超过同板块内的其他个股，成为市场的焦点和风向标。一旦这些领涨个股出现大涨走势，往往会带动整个板块或行业的股价上涨。

（七）股价波动加剧

在个股大涨的过程中，股价的波动往往会加剧。这种波动不仅反映了市场对该类个股的强烈关注和资金追捧，也预示着未来可能的上涨趋势。然而，需要注意的是，股价的剧烈波动也伴随着较高的风险，因此投资者需要保持谨慎和理性的态度。

（八）机构资金介入

在个股大涨的过程中，机构资金的介入往往是一个重要的推动力量。这些机构资金通常具有专业的投资能力和敏锐的市场洞察力，他们的买入行为往往能够引领资金流向并推动股价上涨。

（九）基本面支撑

最后，需要注意的是，个股的大涨走势往往离不开基本面的支撑。只有公司的业绩、盈利能力、行业地位等方面表现出色时，才能够支撑股价的持续上涨。因此，投资者在关注个股走势的同时，也需要关注其基本面情况。

二、行情持续时间

当涨价催生股价大爆发的个股走势特征出现时，其持续时间往往受到多种因素的影响，这些因素包括但不限于行业发展趋势、公司基本面、市场情绪、政策环境等。因此，很难给出一个确定的答案来预测这些特征会持续多久。然而，我们可以从历史经验和市场规律中总结出可能的持续时间和影响因素。

（一）可能的持续时间

1. 短期持续

在某些情况下，涨价催生的个股股价大爆发可能只是短期现象。例如，当某一产品或服务出现短期供需失衡导致价格上涨时，相关公司的个股股价可能会在短期内迅速上涨。但这种上涨往往缺乏基本面支撑，一旦供需关系恢复平衡或市场情绪发生变化，股价可能很快出现回调。这种短期持续的时间可能只有几天或几周。

2. 中期持续

在一些行业发展趋势良好、公司基本面稳健的情况下，涨价催生的个股股价大爆发可能会持续较长时间。例如，当某一行业处于成长期或扩张期时，随着市场需求的不断增加和公司产品或服务价格的提升，相关个股的股价可能会在中期内保持上涨趋势。这种中期持续的时间可能为数月或更长时间。

3. 长期持续

在极少数情况下，涨价催生的个股股价大爆发可能会持续较长时间甚至形成长期牛市。这种情况通常发生在公司具备强大竞争力、公司行业地位稳固且市场需求持续增长的情况下。例如，某些具有垄断地位或技术领先优势的公司能够持续提高产品价格并保持盈利能力增长，从而支撑股价长期上涨。

（二）影响因素

1. 行业发展趋势

行业发展趋势是影响个股走势特征持续时间的重要因素之一。当行业处于成长期或扩张期时，涨价催生的个股股价大爆发可能持续较长时间；而当行业进入成熟期或衰退期时，个股的上涨趋势可能会减弱或消失。

2. 公司基本面

公司基本面是影响个股走势特征持续时间的另一个重要因素，包括公司的盈利能力、成长潜力、竞争优势等。当公司基本面稳健且具备持续增长潜力时，涨价催生的个股股价大爆发可能持续较长时间；而当公司基本面恶化或增长乏力时，个股的上涨趋势可能会受到影响。

3. 市场情绪

市场情绪也是影响个股走势持续时间的重要因素之一。当市场情绪高涨时，涨价催生的个股股价大爆发可能得到进一步推动；而当市场情绪低迷时，个股的上涨趋势可能会受到抑制。

4. 政策环境

政策环境也可能对个股走势持续时间产生影响。例如，当政府出台支持某一行业发展的政策时，极有可能会推动相关个股的股价上涨；而当政策环境发生变化或政策支持力度减弱时，个股的上涨趋势可能会受到影响。

三、投资者应对策略

面对涨价催生股价大爆发的个股走势特征，投资者应保持理性并关注相关影响因素的变化。以下是一些应对策略。

（一）深入研究公司基本面

投资者应深入了解相关公司的盈利能力、成长潜力、竞争优势等基本面情况，以便更好地评估个股的投资价值。

（二）关注行业发展趋势

投资者应密切关注相关行业的发展趋势（影响因素包括市场规模、增长率、竞争格局等），以便更好地判断个股的未来发展前景。

（三）控制风险

投资者应合理控制风险，避免盲目追涨杀跌；可以设置止损点来限制潜在损失并保持足够的现金流，以应对市场波动。

总之，因产品或服务涨价引起股价大涨的中线大牛股每年都会出现，但如何筛选并提前布局，投资者必须多花心思深入研究才能捕获到机会。

第四节　相关个股的见顶信号

当因涨价因素而催生个股股价大爆发时，投资者往往能享受到股价快速上涨带来的丰厚回报。然而，随着市场情绪的逐渐高涨和股价的不断攀升，一些见顶信号也会逐渐显现。以下是一些可能表明相关个股见顶的信号，需谨慎对待。

一、股价反应过度

尽管涨价因素为个股带来了显著的盈利增长预期，但如果股价已经反应过度，即股价的上涨幅度已经远远超过了涨价所带来的盈利增长预期，那么这可能是一个见顶的信号。在这种情况下，投资者应警惕股价回调的风险。

二、市场情绪过热

当因涨价因素而催生个股股价大爆发时，市场情绪往往会变得过于热烈。这时，市场情绪过热会导致股价偏离基本面，形成泡沫。一旦市场情绪发生逆转，泡沫就会迅速破灭，股价也会大幅下跌。因此，投资者应警惕市场情绪过热的情况，避免在高位追涨。

三、涨价因素被充分消化

如果个股因涨价因素而大幅上涨的行情已经持续了相当长的时间，并且市场已经充分消化了这一因素，那么个股的上涨动力可能会逐渐减弱。此时，投资者应关注个股的基本面情况，判断其是否有其他因素能够支撑股价继续上涨。

四、行业供需关系变化

对于因涨价因素而催生股价大爆发的个股来说，行业供需关系的变化是一个重要的影响因素。如果行业供需关系发生变化，如供应量增加、需求量下降等，那么个股的上涨预期可能会受到抑制，从而导致股价见顶回落。

五、出现政策干预风险

在某些情况下，政府可能会对涨价行为进行干预，以维护市场秩序和稳定物价水平。如果上市公司的产品或服务在短时间内价格涨幅过大引发了政府的关注，可能面临政策干预的风险，那么投资者应警惕相关公司股价回调的风险。

六、大股东减持或机构出货

当个股股价因涨价因素而大幅上涨时，一些大股东或机构投资者可能会选择减持股份以套现获利。如果个股出现大股东减持或机构出货的情况，那么这可能是一个见顶的信号。因为这意味着大股东或机构投资者对个股的未来走势持谨慎态度或认为股价已经过高。

第五节　相关个股的案例分析

实战中，产品或服务涨价是股价大爆发的催化剂之一。兴发集团在 2021 年年中的大涨，就是典型的因产品涨价催生股价大爆发的中线大牛股行情。以下是对其大涨过程的详细分析。

（一）行情启动前的长期低迷

兴发集团始终聚焦精细磷化工的发展主线，积极探索磷、硅、硫、盐融合发展，不断完善上下游一体化产业链条，成为国内磷化工行业的龙头企业。公司磷矿资源储量及产能居行业前列，拥有采矿权的磷矿资源储量约 4.29 亿吨，还拥有多家矿业公司股权。但是在公司产品涨价之前，该公司的股票也经历了多年的低迷。下面我们来看该股行情启动之前的几年的走势，见图 7-5-1。

图 7-5-1 是兴发集团的周 K 线图，图中时间跨度为 2017 年 6 月至 2021 年 4 月。可以看到，该股从 2017 年 9 月的高点持续震荡下跌，此后长期维持在 8 元至 14 元区间反复震荡，其间始终未能向上突破黄金分割位 L4 的阻力。该股在低位震荡盘整的时间有 3 年多，直到 2021 年 4 月股价维持在 14 元附近。

图 7-5-1　兴发集团（600141）周 K 线

（二）行情启动前的估值

下面我们来计算兴发集团在行情启动之前的估值，见图 7-5-2。

☆财务分析☆ ◇600141 兴发集团 更新日期：2024-10-26◇ 港澳资讯 灵通V8.0
☆【港澳资讯】所载文章、数据仅供参考，使用前务请仔细核实，风险自负。☆
★本栏包括【1.财务指标】【2.报表摘要】【3.异动科目】【4.环比分析】★

【1.财务指标】
【主要财务指标】

财务指标	2024-09-30	2023-12-31	2022-12-31	2021-12-31	2020-12-31	2019-12-31
审计意见	未经审计	标准无保留意见	标准无保留意见	标准无保留意见	标准无保留意见	标准无保留意见
净利润(元)	13.143亿	13.7892亿	58.517亿	42.8171亿	6.2123亿	3.0246亿
净利润增长率(%)	37.8548	-76.4356	36.6674	589.2365	105.3941	-24.8111
扣非净利润(元)	12.6883亿	13.1345亿	60.5252亿	44.6953亿	6.3206亿	2.9552亿
营业总收入(元)	220.5亿	281.0535亿	303.1065亿	239.0209亿	183.1738亿	180.3871亿
营业总收入增长率(%)	0.0404	-7.2757	26.8117	30.4886	1.5448	1.0263
加权净资产收益率(%)	6.21	6.73	34.76	36.55	7.29	3.75
资产负债比率(%)	52.0705	50.6286	48.7306	56.9066	63.4417	66.1555
净利润现金含量(%)	58.8949	105.4048	117.6329	125.0945	387.0617	342.4586
基本每股收益(元)	1.19	1.25	5.31	3.88	0.61	0.33
每股收益-扣除(元)	-	1.19	5.49	4.07	0.62	0.32
稀释每股收益(元)	1.11	1.17	5.21	3.85	0.6	0.33
每股资本公积金(元)	6.2434	6.6584	6.4582	5.9927	5.2781	4.9919
每股未分配利润(元)	10.808	10.1396	9.9186	5.4339	1.9922	1.694
每股净资产(元)	19.1299	18.5101	18.1523	12.8452	8.4817	7.9192
每股经营现金流量(元)	0.7016	1.3075	6.1921	4.8179	2.1481	1.0073
经营活动现金净流量增长率(%)	-9.0735	-78.8852	28.5155	122.7544	132.1454	-45.4486

图 7-5-2　兴发集团（600141）财务分析

图 7-5-2 是兴发集团 F10 资料中的财务分析栏目，由于该股股价爆发的时间为 2021 年 4 月，当时 2021 年的年报还未公布，我们只能根据 2020 年的数据进行计算，从图 7-5-2 可以看到 2020 年的几个关键数据：营业总收入为 183.1738 亿元，净利润为 6.2123 亿元，基本每股收益为 0.61 元，每股净资产为 8.4817 元。若设定行情启动前的股价为 14 元，可以计算如下：

市净率＝14÷8.4817＝1.65

总市值＝14×（6.2123÷0.61）＝142.58（亿元）

市销率＝142.58÷183.1738＝0.78

计算出兴发集团的市净率为 1.65，市销率为 0.78，这些都是非常低的数据，尤其是市销率低于 1，可以说是股价被严重低估了。总市值 142.58 亿元的规模也不算特别大，在市场中算是中盘股，完全符合中线大牛股的估值条件。

（三）主升浪分析

受益于疫情之后全球经济的逐步复苏，2021 年化工行业迎来了景气周期。兴发集团主营产品的销售价格全面大幅上涨，公司积极抢抓有利市场行情，科学组织生产经营，实现稳产高产，“矿电化一体”“磷硅盐协同”及“矿肥化结合”的产业链优势得到充分发挥，公司盈利能力显著增强。兴发集团第一大业务是草甘膦及副产品，2021 年草甘膦价格从年初的 2.8 万元/吨以下涨到了 8 万元/吨以上。公司主要产品磷矿石、磷铵、有机硅及 107 胶的价格也都同比上涨 50%以上。

在一系列产品涨价的背景下，公司股价也不断攻城拔寨，迎来了久违的大爆发。下面我们就来看看该股大爆发的走势，见图 7-5-3。

图 7-5-3 是兴发集团的日 K 线图，图中时间跨度为 2020 年 6 月至 2021 年 9 月，由于这段时期该股进行了两次大比例分红，所以图中使用前复权恢复股价的真实波动。可以看到，该股从 2021 年 2 月至 4 月反复冲击黄金分割位 L4 的阻力，但只是偶尔站上 L4，随即又跌下来，不能连续 3 天站稳 L4 以上。直到同年 5 月初，伴随着该公司产品涨价的消息不断传出，其股价也稳稳地站上了 L4，但是股价还没有直接拉升，而是小幅回落接近 L4 附近才掉头向上开始缓慢爬升。股价快要接近 L5 的时候突然加速拉升两个涨停板直接突破 L5，直到 L6 上方才震荡回落。在 L6 附近震荡 1 个月左右再次加速向上拉升，此后拉升到 L7 进行震荡换手后再次加速拉升到 L8 附近继续震荡。最后，股价一鼓作气拉升突破 L9 和 L10，直到 L11 附近才见顶回落。

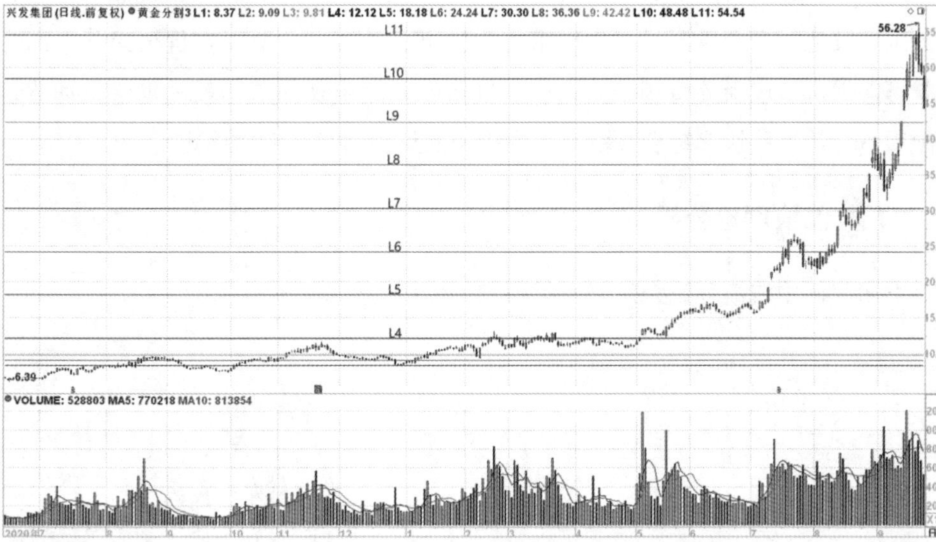

图 7-5-3 兴发集团（600141）日 K 线（1）

该股在突破 L4 之后不久又回到 L4 附近然后再启动，此后突破的黄金分割位都没有再回踩，而是在突破的更高一级阻力位震荡后再次加速向上突破，股价拉升的速度越来越快，直至见顶。这说明公司产品涨价对股价的催涨作用越来越强，直到股价的上涨完全透支了产品涨价能够带来的盈利预期，股价最终见顶。

（四）见顶分析

从黄金分割位来说，股价在 L11 附近遇阻回落是一个明确的见顶信号，但是除此之外，该公司股价走势并没有出现其他常规的技术性见顶信号，比如说 K 线的见顶信号。不过，我们从当时的市场氛围来看，见顶信号还是非常明显的。

兴发集团的股价飙升到最高的 56 元左右，达到了起涨价 14 元的 4 倍多，因此股票的估值也都要乘以 4 倍，那就是一个明显高估的水平。此外，兴发集团股价大涨之后出现了前文所述的几乎所有的见顶特征，如股价上涨过度反应、市场情绪进入狂热化、涨价因素被充分消化、行业供需开始出现变化等。在股价上涨过程中，大股东一直在减持股份。兴发集团披露的公告显示，第二大股东浙江金帆达生化股份有限公司在 2021 年 6 月 30 日至 10 月 29 日期间，累计减持约 2224 万股，套现金额超 4 亿元。

另外还有一个因素需要特别注意，它是涨价催生的股价大爆发特有的一个影响因素，就是任何产品或服务的涨价都可能在达到极限后反转大跌。例如该公司的主要产品草甘膦的产量占国内总产量的25%左右，在草甘膦价格暴涨后，就会刺激国内其他生产商也开足马力向市场提供更多的产品，所以在价格充分上涨之后就可能促进形成新的市场平衡，产品价格就可能出现回落，最后也会带动股价见顶回落。从这些情况综合来看，兴发集团的见顶信号就非常确定了。

（五）波浪理论分析

下面我们用波浪理论来对兴发集团进行分析，见图 7-5-4。

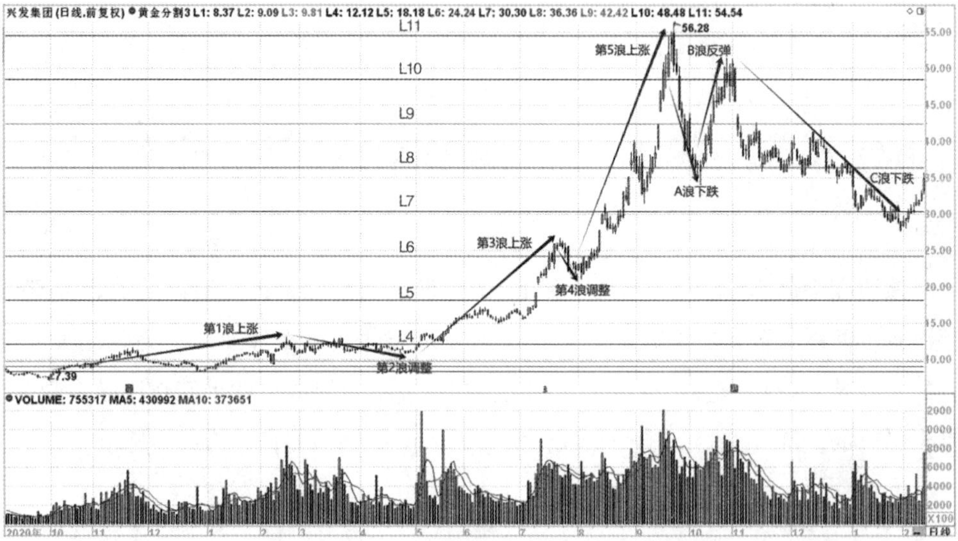

图 7-5-4　兴发集团（600141）日 K 线（2）

图 7-5-4 是兴发集团的日 K 线图，图中时间跨度为 2020 年 9 月至 2022 年 2 月，图中可以看到该股的上涨和下跌可以明显划分为上涨五浪和下跌三浪。从低位到第一次突破 L4 是第 1 浪上涨，这个过程股价上涨较慢，成交量也是温和放大，是主力资金建仓的阶段。第 2 浪调整股价的下跌幅度很小，主要原因是公司的主要产品已经开始小幅涨价，股价也有更强的承接力度。第 3 浪上涨是主升浪的开始，但是前半段股价上涨仍然很慢，因为此时公司产品价格上涨还算温和，后半段股价开始了加速拉升，因为此时公司产品涨价也开始加速了。第 4 浪调整时间很短暂，调整幅度也不大，主要是对第 3 浪上涨造成的技术指标严重超买做出技术性调整。第 5 浪上涨都是以加速拉升的形式出现，可以明显分为三段加速拉升的走势，其中要数最后一段拉升的力度最大，也使得股价最终见顶。最后一段拉升对应的是公司产品在此阶段的涨价进入末期，市场对该股的炒作进入疯狂

状态，市场各方齐心合力把股价推升到了历史高点。

该股见顶后的下跌也很凌厉，A 浪下跌几乎是自由落体式地从 L11 跌到 L8。此后的 B 浪反弹力度也很大，又反弹回到 L10 以上，然后是持续 3 个月左右的 C 浪下跌，股价最终又回到第 3 浪上涨的顶点附近。

第八章

高送转预期公司与中线大牛股

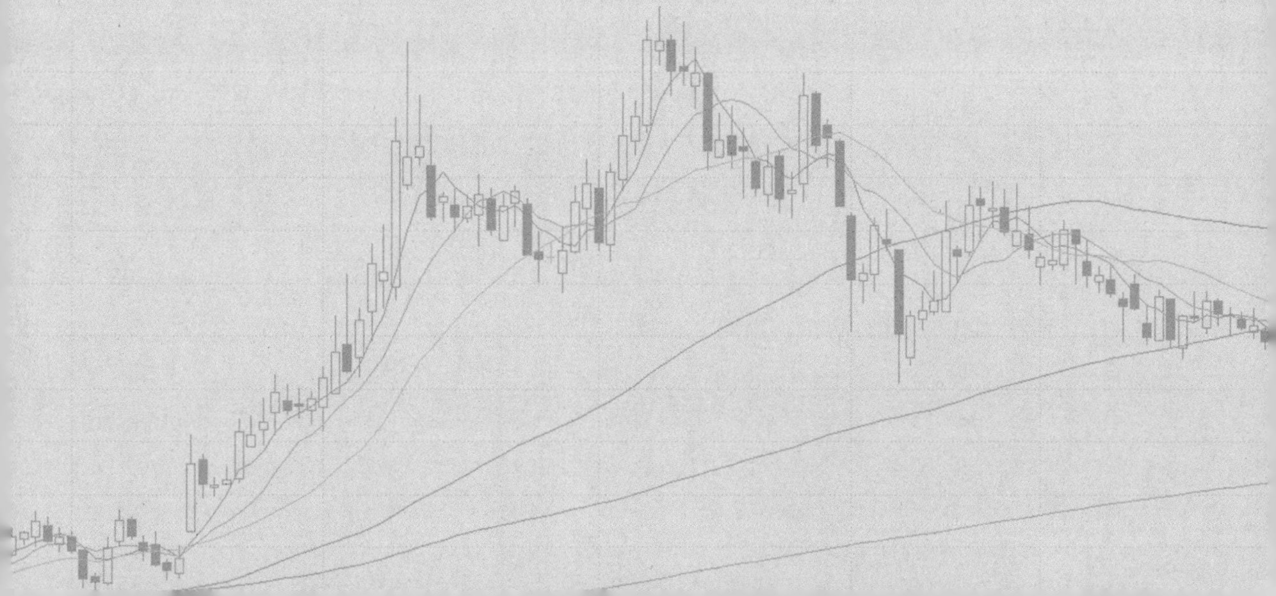

高送转预期公司通常是市场关注的重点，因为这类公司往往具有较高的资本公积金和未分配利润，一旦受到市场热炒，其股价表现将会远超一般个股，相应公司的股票会走出中线大牛股行情。

第一节　高送转预期公司概念

高送转预期公司往往会在每年 2 月至 4 月的年报公布期间集中出现，因为这个时间段随着年报的公布，上市公司也会同时公布其当年的分配预案，那些有高送转概念的中线大牛股就很容易借此走出主升浪行情。这一类个股的筛选标准通常涉及多个方面，以下是一些详细且全面的筛选标准，供投资者参考。

一、高送转预期公司特征

（一）财务健康状况

1. 盈利能力

公司应具备稳定的盈利能力，连续多年实现稳定盈利的公司更有可能进行高送转。这可以通过考察公司的净利润、毛利率、净利率等指标来判断。

2. 现金流状况

良好的现金流状况是公司进行高送转的重要保障。投资者应关注公司的经营活动产生的现金流量净额、自由现金流等指标。

3. 负债水平和资本结构

公司的负债水平应适中，资本结构应合理。过高的负债水平可能会限制公司进行高送转的能力。

（二）历史送转记录

如果一家公司在过去有多次高送转的记录，那么它在未来实施高送转的可能性也相对较高。投资者可以通过查阅公司历史公告来获取这一信息。

（三）行业地位和成长性

1. 行业地位

通常来说，处于行业领先地位的公司更有可能通过高送转来吸引投资者和扩大市场份额。

2. 成长性

具有持续增长潜力的公司更有可能进行高送转。这可以通过考察公司的营业收入增长率、净利润增长率等指标来判断。

（四）每股未分配利润和每股资本公积金

1. 每股未分配利润

较高的每股未分配利润是公司进行高送转的重要条件之一。一般来说，每股未分配利润超过一定水平（如 30 元）的公司，具有较高的送转潜力。

2. 每股资本公积金

每股资本公积金也是衡量公司送转潜力的重要指标。较高的每股资本公积金意味着公司有更多的资金用于转增股本。

（五）股价和总股本

1. 股价

高送转预期公司的股价通常较高。这是因为高送转后，公司的股本总数将扩大，而股价将进行除权处理。为了保持除权后的股价水平，原股价通常较高。

2. 总股本

总股本较小的公司更有可能进行高送转。这是因为总股本较小意味着公司股本扩张的空间更大，送转后对股价的冲击也相对较小。

（六）市场情绪和投资者预期

市场对高送转消息的反应通常是积极的，这可能会推动股价短期内上涨。因此，了解市场对某一股票的预期和情绪也是筛选高送转预期公司的重要参考因素。

（七）法律法规和政策环境

投资者还需要考虑法律法规和政策环境对高送转的影响。例如，监管机构可能会对高送转行为进行限制或规范，这可能会影响公司的决策和市场的反应。

（八）其他因素

1. 定增预案和股权质押

这些事件可能反映大股东进行高送转的“主观意愿”，因此在筛选高送转预期公司时也可以将其作为参考因素。

2. 公司基本面

除了以上提到的因素外，公司的整体基本面也是筛选高送转预期公司时需要考虑的重要因素，包括公司的治理结构、管理层能力、市场竞争力等。

二、高送转预期公司投资策略

对于具有高送转预期的公司，投资者可以采取以下投资策略。

（一）提前布局

在高送转预期公司公布送转方案前提前布局，以获取送转带来的股价上涨收益。但需要注意风险控制，避免盲目追高。

（二）关注业绩

高送转预期公司的业绩表现同样重要。投资者应关注公司的盈利能力和成长性，以确保投资的安全性和收益性。

（三）分散投资

不要将所有资金都投到高送转预期公司中，通过分散投资可以降低风险并提高整体收益。

三、风险提示

需要注意的是，有高送转预期的公司并不一定都会实施高送转方案。即使公司实施了送转方案，股价的走势也会受到多种因素的影响。因此，投资者在投资高送转预期公司时应保持理性和谨慎的态度，结合公司的基本面情况和市场环境进行综合分析和决策。

此外，部分高送转预期公司股价已经处于较高水平，投资者应警惕股价回调的风险。在投资过程中，应关注公司业绩、市场环境以及政府政策等因素的变化，及时调整投资策略以应对可能出现的风险。

第二节 相关上市公司的基本面特征

高送转预期公司的基本面通常都有鲜明的特征，包括多个方面，这些特征共同构成了公司可能进行高送转的基础。投资者把握好这些特征，就可以更好地抓住高送转预期中线大牛股投资良机。

一、盈利能力与财务状况

（一）稳定的盈利能力

高送转预期公司通常具备稳定的盈利能力，能够连续多年实现盈利增长。这是公司进行高送转的重要前提，因为高送转需要公司有足够的利润作为支撑。

（二）良好的财务结构

公司的资产负债率应保持在合理水平，流动比率和速动比率等指标应显示出公司具备良好的短期偿债能力。同时，公司的现金流状况也应保持良好，以确保在高送转后仍有足够的资金用于日常运营和发展。

二、股本结构与股东回报

（一）股本规模较小

高送转预期公司的股本规模通常较小，尤其是上市不超过 3 年的次新股，进行高送转的可能性也更大。股本规模较小意味着公司在送转后有足够的股本扩张空间，同时也不会因股本过大而导致每股收益和每股净资产等指标过度摊薄。

（二）股东回报丰厚

公司历史上通常有较高的股东回报，包括现金分红和股票送转等。这既反映了公司对股东利益的重视，也增加了市场对公司未来高送转的预期。

三、成长性与发展前景

（一）持续稳定的成长性

高送转预期公司通常具备持续稳定的成长性，能够保持营业收入和净利润的稳步增长。这种成长性为公司未来的高送转提供了坚实的基础。

（二）良好的发展前景

公司所处的行业应具备良好的发展前景，市场需求持续增长，竞争格局有利。这将有助于公司未来的业务拓展和盈利能力提升，从而增加高送转的可能性。

四、资本公积金与未分配利润

（一）充足的资本公积金

高送转预期公司通常具备充足的每股资本公积金，这是公司进行高送转的重要资金来源。每股资本公积金的充足程度直接决定了公司送转股份的潜力。

（二）较高的未分配利润

公司历史上通常有较高的未分配利润，这反映了公司盈利能力的稳定性和回报股东的潜力。未分配利润的积累为公司未来的高送转提供了更多的资金支持。

五、市场情绪与投资者预期

（一）市场关注度高，投资者预期向好

高送转预期公司通常受到市场的广泛关注，投资者对公司的未来发展充满期

待。这种市场关注度和投资者预期有助于推动公司股价的上涨，从而为公司未来的高送转创造更好的市场环境。

（二）高送转预期强烈

投资者对公司未来的高送转预期强烈，这通常体现在公司股价的上涨和交易量的增加上。这种预期有助于推动公司股价的上涨，同时也为公司未来的高送转提供了更多的资金支持。

六、公司治理与信息披露

（一）良好的公司治理结构

高送转预期公司通常具备良好的公司治理结构，这方面包括明确的决策机制、有效的监督机制和完善的信息披露制度等。这将有助于保障公司股东的权益，增加投资者对公司的信任度。

（二）及时、准确的信息披露

高送转预期公司通常会及时、准确地披露公司相关信息，需披露的内容包括财务报告、重大事项公告等。这将有助于投资者更好地了解公司的运营状况和未来发展前景，从而做出更明智的投资决策。

第三节　高送转预期股票的走势特征及操作提示

一、高送转预期股票的走势特征

实战中，高送转预期刺激中线大牛股走出主升浪行情的例子比比皆是，这一类个股的走势特征通常表现为以下几个方面。

（一）股价波动较大

高送转预期公司的股价往往会在预期公布前后出现较大的波动。在预期公布前，由于市场对公司可能进行高送转的预期，股价可能会提前上涨。而在预期公布后，如果公司确实公布了高送转方案，股价可能会进一步上涨；但如果方案未达市场预期，股价则可能出现回调。

（二）成交量增加

随着高送转预期的升温，相关公司股票的成交量往往会显著增加。投资者对高送转预期的关注会促使他们更加积极地参与交易，从而使成交量放大。这种成交量的增加不仅反映了市场的活跃程度，也体现了投资者对高送转预期的强烈关注。

（三）受到资金追捧

高送转预期公司通常会受到各路资金的追捧。这是因为高送转预期往往被视为公司的利好消息，能够吸引更多的资金进入。这些资金的拥有者可能包括散户投资者、机构投资者以及游资等，他们的积极参与会进一步推高股价。

（四）可能出现填权行情

在高送转方案实施后，如果公司股价出现下跌，可能会引发填权行情。填权是指股价在除权后上涨至除权前的价格水平。填权行情的出现往往与高送转后公司基本面的改善以及市场对公司未来成长的预期有关。然而，填权行情并不是一定会发生的，其发生与否还取决于多种因素的综合影响。

二、高送转预期股票的操作提示

（一）参考历史走势

从历史走势来看，高送转预期公司的股价在预期公布前往往表现强劲，而在预期公布后则可能出现分化。一些基本面良好、成长性高的公司，股价可能会继续上涨，而一些基本面较差、成长性不足的公司，股价则可能会出现回调。因此，投资者在关注高送转预期公司的走势时，需要结合公司的基本面以及历史走势，进行综合分析。

（二）风险提示

需要注意的是，高送转预期公司的股票虽然可能受到市场资金的追捧而引起股价上涨，但也存在较大的投资风险。一方面，高送转预期并不一定会转化为实际的高送转行为，如果公司最终未实施高送转方案，股价可能会出现大幅下跌。另一方面，即使公司实施了高送转方案，股价的走势也取决于多种因素的综合影响，这些因素包括公司基本面、市场环境、投资者情绪等。因此，投资者在参与高送转预期公司的投资时，需要保持理性和谨慎的态度，做好充分的风险评估和控制。

第四节　个股走势对预期消息的反应

高送转预期股票在预期消息公布前后的走势变化通常表现为一系列独特的市场行为和价格变动趋势，这些特征为投资者开展投资活动提供了重要的参考依据。这些特征有如下几种。

一、预期消息公布之前走势强劲

从历史数据来看，高送转预期股票在预期消息公布前往往表现出强劲的走势。这是因为市场对公司可能进行高送转的预期会提前反映在股价上，吸引大量投资者提前布局。在这一阶段，股价可能会出现连续上涨，成交量也可能显著放大。

二、预期消息公布后的市场反应

在高送转预期消息公布后，公司的股票走势通常会呈现两种情况。

（一）股价继续上涨

对于股本扩张能力和成长性较强的公司，市场对其高送转方案的认可度较高，股价多数会继续上涨。这类公司通常具备稳定的盈利能力和良好的发展前景，能够吸引更多投资者的关注和资金流入。

（二）股价大幅回调

对于较晚公布高送转方案的上市公司，由于股价已提前反映市场预期，且处于概念炒作末期，因此股价在方案公布后可能会出现回调走势。此外，如果公司的高送转方案未达市场预期，也可能导致股价下跌，甚至大跌。

三、填权行情与贴权现象

在高送转方案实施后，公司股价将进行除权处理。除权后，如果公司基本面良好、市场对其未来成长预期乐观，则股价可能会出现填权行情，即股价上涨至除权前的价格水平甚至更高。然而，并非所有高送转公司都会出现填权行情，部分公司股价可能会出现贴权现象，即股价在除权后持续下跌。

四、技术面特征

从技术面来看，高送转预期股票的走势往往呈现出一些共同特征。例如，在预期消息公布前，股价可能会突破重要阻力位并持续上涨；在预期消息公布后，股价可能会出现回调但整体趋势依然向上；在填权行情中，股价可能会沿着上升通道持续上涨等。

五、市场资金流动和投资者情绪影响

高送转预期股票的走势还受到市场资金流动和投资者情绪的影响。在预期消息公布前，市场资金可能会提前流入相关公司股票；在预期消息公布后，如果公司基本面良好且市场对其未来成长预期乐观，资金可能会继续流入并推动股价上涨。此外，投资者情绪的变化也可能对股价走势产生重要影响。例如，在投资者情绪高涨时，股价可能会出现非理性上涨；而在投资者情绪低落时，股价则可能会出现过度下跌。

第五节 相关个股的见顶信号

实战中，投资者在参与高送转概念股票时，其见顶信号是必须密切关注的重要信息。这些信号的出现往往预示着股价可能即将达到阶段性高点，投资者应及时调整投资策略，以避免潜在的风险。高送转概念股票的见顶信号大致有如下几种。

一、K 线形态出现见顶信号

（一）长上影线

在高送转概念股票的上涨过程中，如果出现长上影线的 K 线形态，特别是连续上涨中出现长上影线，这往往预示着股价即将见顶。长上影线表明股价在上涨过程中遇到阻力，上涨动力减弱，投资者应及时减仓或卖出股票，不宜“恋战”。

（二）高位十字星

如果出现高位十字星，通常也预示着股价可能即将见顶。高位十字星显示多空分歧强烈，市场可能即将发生转折；而长上影线倒锤形阳线或阴线则表明股价在上涨过程中受到阻力，上涨动力减弱。

二、高送转后不能填权

在高送转概念股票除权后会留下一个大缺口，一般来说强势的个股会走出填权行情，也就是说股价除权当天一般是收大阳线的，之后股价不应该跌破除权当天的最低点，最好是继续大涨，把除权的缺口涨回去，这就是填权行情。如果除权后不能继续上涨，反而跌破了除权当天的最低点，那就可能预示着股价见顶了。

三、跌破重要支撑位

高送转概念股票在上涨过程中往往会形成一些重要的支撑位，如均线支撑、前期高点支撑等。如果股价在上涨过程中跌破这些重要支撑位，且未能及时收复失地，这往往预示着股价即将见顶。投资者应及时卖出股票以避免更大的损失。

四、利好兑现或热点消退

对于高送转概念股票，利好兑现或热点消退也是重要的见顶信号。当高送转方案的利好消息已经被市场充分消化，或者市场热点转向其他板块时，高送转概念股票的价格往往会出现回调。投资者应密切关注市场动态和资金流向，及时调整投资策略。

五、市场情绪和资金流向变化

市场情绪和资金流向的变化也是判断高送转概念股票是否见顶的重要依据。当市场情绪趋于谨慎或悲观时，投资者应警惕股价可能即将见顶。同时，如果资金流向出现逆转，即主力资金开始大量流出而散户资金开始大量流入时，这往往预示着股价即将见顶。投资者应及时卖出股票以规避风险。

总之，投资者在参与高送转概念类中线大牛股时，应密切关注上述信号，并根据实际情况调整投资策略，以便尽可能规避风险、锁定利润。

第六节 相关个股的案例分析

联特科技在 2023 年第二季度的大涨，就是典型的高送转预期带动走出的中线大牛股行情。以下是对其大涨过程的详细分析。

（一）行情启动前的长期低迷

联特科技是一只次新股，2022 年 9 月 13 日登陆创业板，公司主营光通信模块的研发、生产。该股上市之时市场整体比较低迷，上市第一天收盘涨幅只有 22.64%，这对于袖珍小盘股来说严重偏低。不但如此，该股上市后半个月即跌破发行价，此后股价持续低迷了几个月。下面我们来看该股在行情启动之前的走势，见图 8-6-1。

图 8-6-1 是联特科技的日 K 线图，图中时间跨度为 2022 年 9 月至 2023 年 3 月。可以看到，该股从 2022 年 9 月上市以后持续弱势震荡近 5 个月，直到 2023 年 2 月后市场开始炒作年报行情。作为小盘次新股的联特科技由于有高送转预期，受到市场各方关注，出现了一波较强的快速拉升。这一波拉升让其股价一路从 L1 下方拉升突破 L1、L2、L3，直到 L4 附近才回落，此后股价在 L3 至 L4 之间反复震荡，直到本轮行情启动之前股价为 67 元左右。

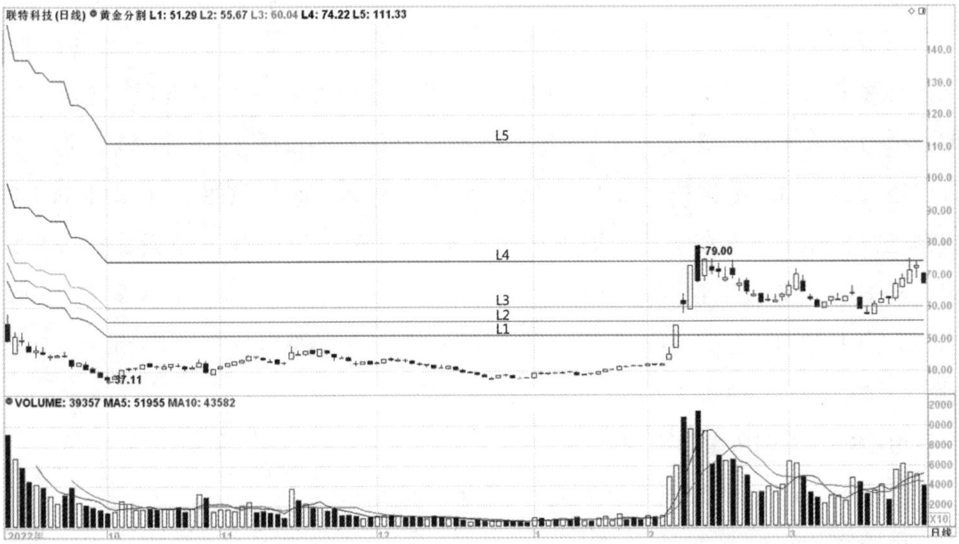

图 8-6-1　联特科技（301205）日 K 线（1）

（二）行情启动前的估值

下面我们来计算联特科技行情启动前的估值，见图 8-6-2。

☆财务分析☆ ◇301205 联特科技 更新日期：2024-10-27◇ 港澳资讯 灵通V8.0
☆【港澳资讯】所载文章、数据仅供参考，使用前务请仔细核实，风险自负。☆
★本栏包括【1.财务指标】【2.报表摘要】【3.异动科目】【4.环比分析】★

【1.财务指标】
【主要财务指标】

财务指标	2024-09-30	2023-12-31	2022-12-31	2021-12-31	2020-12-31	2019-12-31
审计意见	未经审计	标准无保留意见	标准无保留意见	标准无保留意见	标准无保留意见	标准无保留意见
净利润(元)	6225.635万	2648.2683万	1.1321亿	1.059亿	4315.42万	5641.74万
净利润增长率(%)	190.8062	-76.6079	6.9059	145.3959	-23.5091	-
扣非净利润(元)	5459.9602万	812.9501万	9997.4789万	1.0059亿	4084.91万	5391.34万
营业总收入(元)	6.4259亿	6.0572亿	8.2471亿	6.9841亿	5.174亿	3.7724亿
营业总收入增长率(%)	45.5697	-26.5528	18.0833	34.9844	37.1556	-
加权净资产收益率(%)	4.29	1.87	13.27	19.27	11.18	18.24
资产负债比率(%)	29.3768	18.3238	15.492	23.2791	26.4402	26.0011
净利润现金含量(%)	78.1286	447.4707	67.6798	74.6029	16.2306	148.375
基本每股收益(元)	0.4798	0.2042	1.0744	1.9589	0.83	1.11
每股收益-扣除(元)	-	0.062	1.7078	1.86	0.79	1.06
稀释每股收益(元)	0.4798	0.2042	1.0744	1.9589	0.83	1.11
每股资本公积金(元)	8.129	8.129	15.4323	8.524	8.0798	3.0689
每股未分配利润(元)	2.0611	1.6313	2.8132	1.8567	0.0967	2.3455
每股净资产(元)	11.3963	10.957	19.557	11.5864	9.19	6.7
每股经营现金流量(元)	0.3749	0.9134	1.063	1.4614	0.1296	1.64
经营活动现金净流量增长率(%)	-67.1886	54.659	-3.0149	1027.9441	-91.6327	-

图 8-6-2　联特科技（301205）财务分析

图 8-6-2 是联特科技 F10 资料中的财务分析栏目，由于该股爆发的时间为 2023 年 3 月，当时 2022 年的年报还未公布，但是接下来的一个月就将公布年报。该股特殊之处在于 2022 年 9 月成功上市，在股市募集到了一大笔资金，因此公司的各项财务数据有了很大变化。我们不能再使用 2021 年的数据进行计算，那时候公司还没有上市，数据差距太大。这只个股作为特例我们只能使用 2022 年的年报数据进行计算，如果在实战中遇到这种情况可以使用 2022 年三季报数据进行计算。从图 8-6-2 可以看到几个 2022 年的关键数据：营业总收入为 8.2471 亿元，净利润为 1.1321 亿元，基本每股收益为 1.0744 元，每股净资产为 19.557 元。若设定行情启动前的股价为 67 元，可以计算如下：

市净率=67÷19.557=3.43

总市值=67×（1.1321÷1.0744）=70.6（亿元）

市销率=70.6÷8.2471=8.56

计算得出该股市净率为 3.43，市销率为 8.56。这两个数据看起来是比较高了，但是考虑到该股上市不久，总股本还不到 1 亿股，属于小盘股，每股资本公积金达到 15.4323 元，每股未分配利润为 2.8132 元，因此高送转预期非常强。再加上该股上市之初涨幅很小，后来还长期跌破发行价，所以股价基本不存在泡沫，上方也没有历史套牢盘，所以该股是高送转预期的中线大牛股优质品种。

（三）主升浪分析

由于上一年年报的最后公布时间是当年的 4 月底，公司的分配方案也会和年报同时公布，所以有高送转预期的个股通常会在 3 月份启动行情。下面我们来看看该股的走势过程，见图 8-6-3。

图 8-6-3 是联特科技的日 K 线图，图中时间跨度为 2022 年 9 月至 2023 年 8 月。可以看到，该股在 2023 年 2 月从底部拉升到 L4 附近后小幅回落震荡。在 2023 年 3 月 29 日，该股走出 20%的涨停板并一举突破 L4，就此展开了高送转预期的炒作行情。在 L4 上方反复震荡半个月后股价再次向上拉升，一路拉升到了 L8 以上才出现下跌，下跌到 L7 附近时股价展开了最后一轮拉升，最终突破了 L10。然后公司实施了 10 转增 8 股的方案，并在 K 线图上留下了一个巨大的缺口，除权后当天股价继续收大阳线，此后股价见顶回落。

图 8-6-3 联特科技（301205）日 K 线（2）

（四）见顶分析

联特科技的股票见顶信号与没有高送转预期的公司的股票见顶信号大不一样，因为送转股本并除权给市场带来了一个非常热门的炒作题材，容易引发填权行情。前文已经分析了，要走出填权行情就不能在除权后跌破除权当天的最低点。我们来看联特科技的见顶形态，见图 8-6-4。

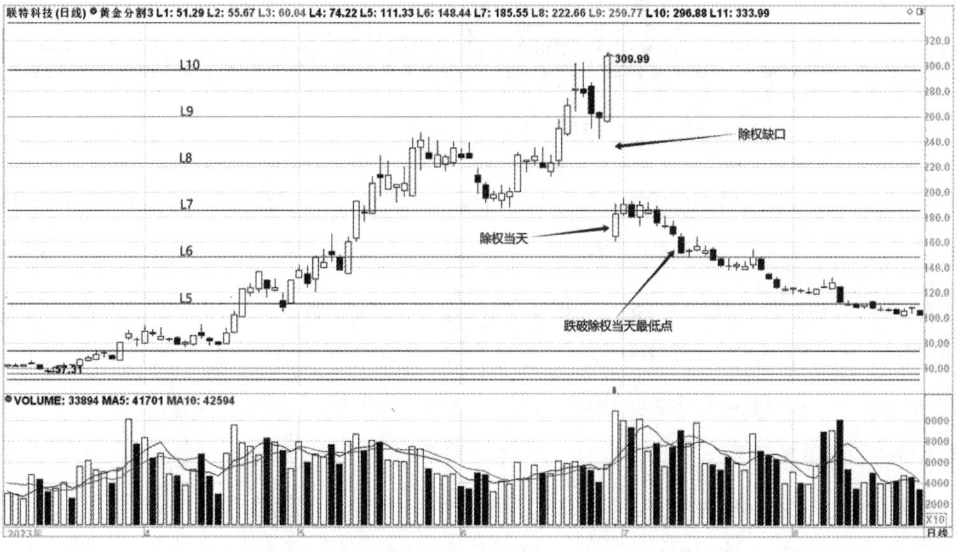

图 8-6-4 联特科技（301205）日 K 线（3）

图 8-6-4 是联特科技的日 K 线图，图中时间跨度为 2023 年 3 月至 8 月。可以看到，该股在 2023 年 6 月 30 日这一天除权，并留下一个大缺口，当天股价还是收出大阳线，如果该股要走出填权行情的话，就会紧接着继续拉升股价。但是该股逐渐走弱，在 2023 年 7 月 12 日跌破了 6 月 30 日的最低点，这就预示着该股见顶了，因为在除权之前股价已经拉升太多，主力不想再拉升股价，反而开始出货了。

（五）波浪理论分析

下面我们用波浪理论来分析联特科技的走势，要准确划分浪形必须使用复权后的 K 线图，不然巨大的缺口会扰乱我们的判断，见图 8-6-5。

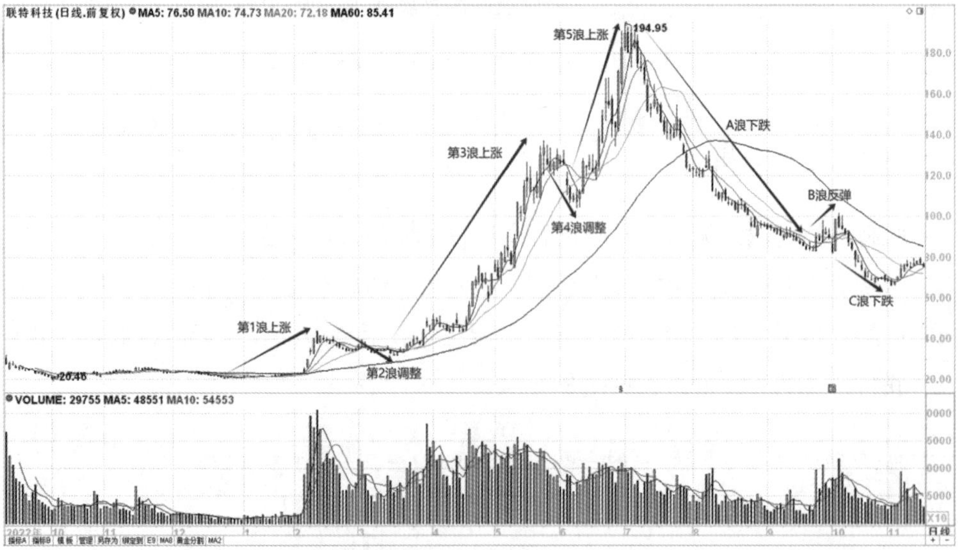

图 8-6-5 联特科技（301205）日 K 线（4）

图 8-6-5 是联特科技的日 K 线图，图中时间跨度为 2022 年 9 月至 2023 年 11 月。可以看到，该股走势用波浪理论可以明显划分为上涨五浪和下跌三浪。从低位开始到 2023 年 2 月拉升是第 1 浪上涨，这一波拉升有 4 个交易日的换手率都高于 50%，最高甚至达到了 63%，这就是大资金拉高建仓的表现。然后是第 2 浪，股价震荡了 1 个月左右小幅回落，成交量上涨时放大，下跌时缩小，这是主力资金建仓后的洗盘阶段。第 3 浪为主升浪，股价反复向上大涨小跌，其间屡屡走出涨停板，最终这一波涨幅达到 300%。第 4 浪调整时间比第 2 浪短，但下跌幅度更大一些，因为第 3 浪涨幅巨大，稍微回吐一小部分也很大了。第 5 浪上涨就是最

后的疯狂，为了最终的出货，主力把上涨的终点选在了除权的第二天，这样可以让市场上狂热的投资者为追求填权行情而奋不顾身地追高买入。

该股见顶后股价开始了单边下跌，A 浪下跌基本沿着 10 日均线一路向下，直到股价腰斩以后才结束。B 浪反弹非常短促，经几天时间的反复，反弹幅度却很小，可见上方的套牢盘太多，很难反弹上去。最后的 C 浪下跌持续 1 个月左右，下跌幅度在 30%以上。

第九章

全球化因素影响与中线大牛股

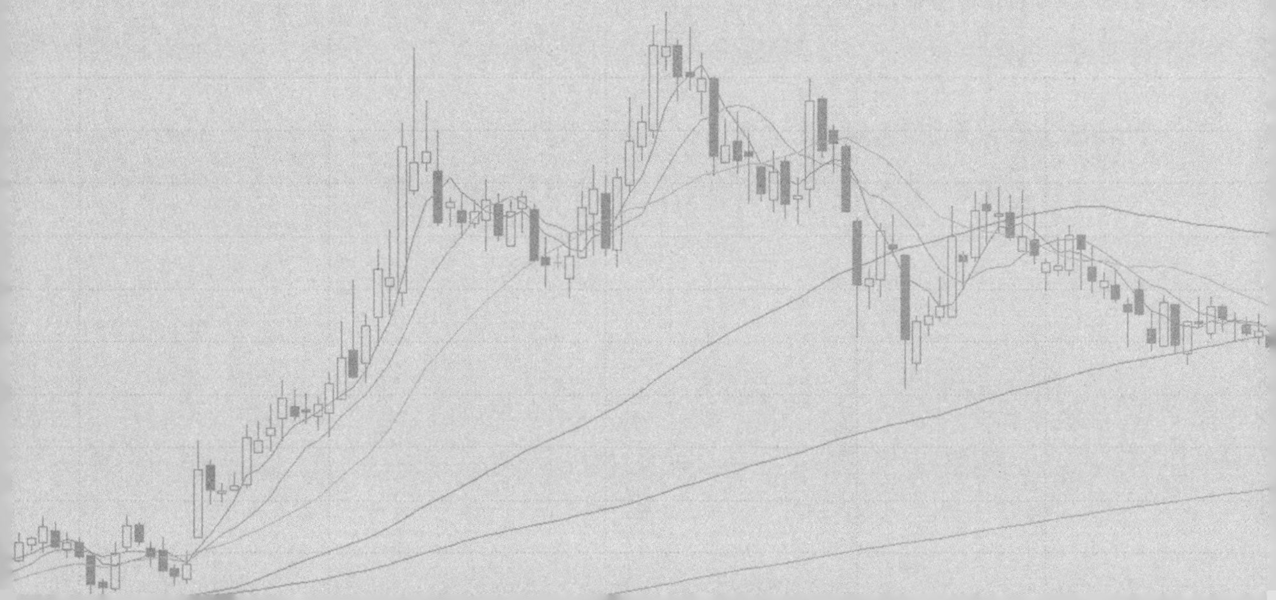

A股市场自从诞生以来已经走过了跌宕起伏的30多年，在这短短的30多年里，A股市场走出了几轮很明显的牛熊交替行情，而且A股市场还有一个鲜明的特色，就是它的走势有着自身的节奏，与全球主要股票市场的走势不太同步；与我国香港股市的走势之间虽然有较强的联系，但也经常背道而驰。

那么，是不是说A股市场就是一个完全独立的市场，不受外界因素的影响呢？当然不是。A股市场在保持基本独立的自身特色以及市场走势的同时，也会不可避免地受到境外政治、军事、经济、金融、科技以及舆论等各种因素的深刻影响，这些因素统称为全球化因素。

A股市场开市以来，主要是面对国内市场，绝大多数的上市公司以及投资者都来自本土，因而大多数时间都遵循着自己独立的运行逻辑，大盘和个股的走势也有其自身的规律。不过，随着我国经济的不断发展和对外开放的持续推进，对外经济贸易的联系越来越多。国内外企业不但在贸易和实体产业投资方面蓬勃发展，在资本市场投资方面也不断突破。其中，主要的亮点有两个：一是我国内地有大批企业纷纷前往中国香港股市和美国股市上市融资，其中还有很多著名大企业在两地甚至三地同时上市，使得港股市场已经被来自内地的红筹股占据了多数份额，在美股市场上也形成了一批中概股；二是开辟了沪港通和深港通，让A股投资者有了直接投资港股市场的渠道，同时也让全球的投资者可以通过香港股市投资A股市场。这样一来，A股市场就与港股市场、美股市场都有了深入的联系，自然就会受到全球化因素的深刻影响，有时候这些影响会使A股市场的板块和个股产生非常剧烈的波动。基于此，要想做好A股投资，就必须认真分析全球化因素对A股市场和个股的影响。

第一节　全球化因素影响的常见种类

全球化因素时常对 A 股市场产生显著的影响。这些影响往往造成 A 股市场和相关个股价格的剧烈波动，主要体现为以下几个方面。

一、各国经济、金融、贸易等政策对 A 股的影响

我国早已是全球最大的货物贸易国家，多年来中国对外贸易额长期稳定增长，进口和出口方面都占据重要地位，因此那些与我国有着巨额货物贸易的国家或者国家联盟，例如美国、日本、欧盟、东盟等，其出台的涉及经济、金融或者贸易方面的重大政策，都可能直接影响与我国之间的贸易。

（一）经济政策

经济政策是一国政府为了实现自身的经济和社会目标，对国民经济运行进行有意识的调节和控制所制定的指导原则和措施，主要包括经济增长政策、财政政策和产业政策等。其中，经济增长政策通过实施一系列促进经济增长的政策，如减税降费、增加公共投资、优化产业结构等，来刺激经济活力，提升企业盈利能力；财政政策则是通过影响政府支出和税收来调节经济。政府实施积极的财政政策，如增加基础设施建设投资、提高社会保障支出等，有助于提升经济增长潜力，为企业提供更好的经营环境，推动其业绩增长；产业政策通过提供税收优惠、资金扶持、市场准入等政策支持来扶持新兴产业的发展或者优化传统产业结构。

其中，与我国有着良好贸易关系和巨额贸易量的国家，一旦出台重大经济政策，可能对我国主要外贸企业造成显著影响，进而影响到相关上市公司的股价表现。对此，投资者必须高度关注相关信息。

（二）金融政策

金融政策通常是指货币政策。当货币政策宽松时，市场利率下降，资金成本降低，市场流动性充裕。在全球化背景下，巨量的国际资本在不同国家和地区间频繁流动，深刻影响着全球各国的金融市场。全球主要国家的金融政策变动对全球资金流动的影响不容忽视，对我国A股市场的影响也非常明显。

具体来说，主要经济体的货币政策调整会对各国股价产生影响。比如，美国等大型经济体一旦进入加息周期，持续的加息、缩表，就会造成全球资金回流，新兴市场股市会面临资金流出压力，进而导致股价下跌。我国香港地区由于实行联系汇率制，港币和美元挂钩，因此其货币政策也会跟随美元加息，这样就会造成港股市场明显下跌，A股市场也会受到波及。反之，美元进入降息周期后，随着不断降息，通常会推动全球股市上涨，包括港股和A股市场。政策信号与市场预期一旦形成，市场就会主动预期并提前反应。例如，当市场预期美联储将降息时，投资者可能会提前买入股票，从而推动A股市场上涨；反之，则可能导致A股市场下跌。

其他主要经济体的中央银行如欧洲央行、日本央行等的货币政策调整，也会影响全球资金流动和A股市场的走势，不过影响的力度不如美联储。

综上所述，各国金融政策对A股市场的影响是多方面的、复杂的。投资者需要密切关注国内外政策动态和市场变化，理性分析政策对市场的潜在影响，并据此制定合理的投资策略。

（三）贸易政策

全球主要国家或者国家联盟的贸易政策对A股市场的影响显著且深远，主要体现在关税调整、贸易壁垒的设立与消除、贸易协定的签署与废止，以及汇率变动等多个方面。

关税调整，即当其他国家或者国家联盟提高对中国产品的进口关税时，中国相关出口企业的成本将上升，进而压缩其利润空间。这种压力会立即反映在A股相关上市公司的股价上，导致股价下跌。反之，如果中国降低对其他国家或者国家联盟的进口关税，则可能刺激国内消费和进口，对相关行业的上市公司构成利好，并促进其股价上涨。

贸易壁垒，包括关税壁垒和非关税壁垒，如技术标准、环保要求等，都会影响跨国贸易的正常进行。壁垒的设立会导致贸易量减少，进而影响相关企业的业绩和股价。贸易壁垒被撤销或减少，则会促进贸易增长，对相关行业的上市公司构成正面影响。

贸易协定的签署通常意味着关税的降低或贸易壁垒的减少，这将有助于提升跨国贸易的效率和规模，对相关行业的上市公司构成利好。例如，中国与其他国家签署的自由贸易协定可能刺激出口和进口的增长，对相关行业的股价产生积极影响。如果贸易协定被废止或受到挑战，则可能导致贸易关系紧张，进而影响跨国贸易的稳定性和规模。这种不确定性可能对A股市场的相关板块构成压力。

在股市上，投资者情绪和市场预期也是影响股价的重要因素。贸易政策的调整可能引发投资者情绪的波动和市场预期的变化。例如，当贸易政策出现积极变化时，投资者可能对相关行业的上市公司持乐观态度；反之，则可能持悲观态度。这种投资者情绪波动和市场预期变化可能显著影响相关股票的走势。

综上所述，各国贸易政策对A股市场的影响是多方面的、复杂的。投资者需要密切关注国际贸易环境的变化和各国贸易政策的调整动态，理性分析其对A股市场的潜在影响，并据此制定合理的投资策略；同时，也需要关注国内经济结构的调整和产业升级的趋势，以及投资者情绪和市场预期的变化情况，以更加全面地把握A股市场的投资机会，规避风险。

二、全球金融市场对A股市场的影响

全球金融市场波动对A股市场的影响是非常明显的，其影响主要分为以下几种。

（一）港股的独特影响

香港回归祖国至今，其经济已经与内地深度融合。港股与A股市场的联系也越来越紧密，主要表现为大量内地公司在港股市场上市，占据了恒生指数一半以上份额，其中有许多在两地同时上市的公司，因此近年来港股的涨跌和A股的联动效应较为复杂。

特别是，内地和香港之间开通了跨境投资渠道——沪港通和深港通，使得资金可以在两地之间直接流动，因此港股市场的波动可以迅速传导至A股市场。港股市场表现较好时，会吸引内地资金流入港股，可能在一定程度上分流A股市场的资金；反之，若港股市场低迷，部分资金则可能回流到 A 股。而且香港作为国际金融中心之一，外资参与度较高，其资金的进出也会通过港股对 A 股产生间接影响。港股市场上的板块和个股发生的剧烈波动也同样会传导在 A 股的相应板块和个股上面，从而带动 A 股的板块和个股出现相同方向的大幅波动。因为 A 股市场和港股市场在地理位置上相近，交易时间也有部分重叠，且有大量同时在 A 股和港股上市的公司。所以，港股的走势对 A 股投资者的情绪有较大影响。如果港股大幅上涨，会提升 A 股投资者的信心，带动 A 股市场的情绪；反之，港股的下跌可能会引发 A 股投资者的担忧，导致 A 股市场情绪低迷。

综上所述，港股对 A 股的影响是多方面的、复杂的。投资者需要密切关注港股市场的变化和政策动态，合理配置资产并保持理性的投资心态以应对市场波动。同时，利用跨境投资渠道可以更好地把握两个市场的投资机会和进行风险控制。

（二）其他主要市场的影响

全球主要股市对 A 股也有非常重大的影响，这是因为全球股市的涨跌往往会引发市场情绪的连锁反应。当全球股市普遍上涨时，各国投资者普遍信心大增，风险偏好也提高，这也会鼓舞 A 股市场投资者的市场情绪。相反，当全球股市大跌，尤其是当美国和周边的日本、我国台湾地区的股市出现大幅下跌时，恐慌情绪会在全球投资者中蔓延，这通常也会抑制 A 股投资者的热情，对市场短期走势构成压力。另外，在美国股市上市的中国公司数量众多，也形成了一个中概股板块。前一天晚间的美国中概股出现剧烈波动，很有可能影响到第二天开盘的 A 股。

综上所述，全球主要股市对 A 股的影响是多方面的。投资者应密切关注全球股市的动态以及国内外经济形势和政策变化等因素，以做出更为理性的投资决策。同时保持资产配置的多元化和灵活性也是应对市场波动的重要策略之一。

（三）行业和板块联动

由于经济全球化的发展，众多行业和产业链都越来越具有全球性的特征，因而在不同国家和地区的相同行业或者相同产业链的上市公司就会表现出明显的联动性。全球主要国家和地区的相同行业公司的股价大涨或者大跌，都会对 A 股市场中相应的行业板块产生影响。如美国某大型科技公司发布新科技概念的产品时，在带动其股票大涨的同时，也会迅速带动 A 股市场中具有相同概念的科技板块上涨；反之，如果外围股市上科技股出现大幅下跌，A 股市场中的科技板块也会受到下跌压力。

另外，A 股市场中的一些公司与国际上的一些企业存在着密切的产业链上下游关系。如果国际上某个重要的原材料供应商出现问题，或者某个主要市场的需求发生变化，就会通过产业链传导影响到 A 股市场中相关公司的业绩和股价。

（四）汇率波动的影响

汇率的趋势性波动会引发国际上大规模资金在不同的货币之间转换流动，进而影响资本市场，并形成趋势性的波动。例如，一国货币的持续性升值就会引发国际资本持续流入该国，从而带动该国股市形成持续上涨的牛市；反之，则会造成资本流出，股市持续下跌。在历史上，这种情况已经被各国股市的走势反复证明。引发汇率趋势性波动的核心原因主要是不同国家货币政策的不同，也就是前文所述各国金融政策带来的后续影响。例如，美元进入加息周期后，不断加息、缩表就会造成美元对人民币持续升值，国际资本就会持续从中国流入美国，造成美股走出牛市，A 股出现熊市；反之，美元降息会造成资本从美国流入中国，带来 A 股的牛市。

另外，一国汇率的升值或贬值会直接影响到大量进出口企业。例如，当人民币升值时，中国出口产品的国际竞争力就会下降，进而影响相关企业的业绩和股价；反之，当人民币贬值时，则会提升中国出口产品的竞争力，对相关行业的上市公司构成利好。最明显的例子就是纺织公司和航空公司。纺织公司需要大量出口商品，因此受益于人民币贬值带动公司业绩增长，一旦人民币贬值就会引发相关公司的股价上涨，反之就会造成股价下跌；而航空公司需要进口巨额价款的飞机，人民币升值就可以换取更多的外汇，这就会实质性减少公司支付的采购款，因此人民币升值对航空公司股价是利好，会促进其股价上涨。

（五）大宗商品价格波动的影响

大宗商品作为现代社会大量需要的生产原料，对经济运行和社会生活具有重要影响，也在金融投资市场占据举足轻重的地位。我国有众多大宗商品需要大量进口，包括原油、铁矿石、铜等，虽然我国期货市场也有这些大宗商品的交易，但这些商品的定价权主要还在美国、欧洲等主要发达经济体金融市场。大宗商品价格波动对 A 股市场的影响是明显的，主要体现为以下几个方面。

1. 对资源型企业的影响

资源型企业包括直接采矿的矿业企业以及为矿业公司生产设备和提供运输服务的企业等。当原油、铁矿石、煤炭、铜等大宗商品价格上涨时，矿业公司的收入和利润通常会迅速增加，这不仅提高了公司的当期收益，还增强了投资者对公司未来发展的预期，从而推动股价上涨；相反，如果大宗商品价格下跌，矿业公司的盈利能力受到削弱，这会引发投资者的担忧，从而导致股价下跌。矿业公司的股价波动幅度往往比大宗商品的价格波动幅度更大，这是因为矿业公司的生产成本相对固定，所以其利润涨幅比大宗商品价格的上涨幅度更大；另外其股价的上涨除了体现业绩的增长以外还会体现投资者对未来的预期，加上市场最后进入非理性阶段可能产生的泡沫，造成了矿业公司的股价会随着大宗商品价格的波动而暴涨暴跌。

对于那些从事生产采矿设备、矿场施工以及矿产物流服务等的企业来说，大宗商品价格的波动也会引发其股价的剧烈波动，但总体来说其股价的波动幅度小于矿业公司的股价波动幅度。

2. 对制造业企业的影响

作为需要大量大宗商品作为原料的制造业企业来说，大宗商品价格上涨时，制造商的生产成本就会增加。如果企业不能通过提高产品价格来转嫁成本，利润就会受到严重挤压，也会造成股价下跌。例如，钢材价格大幅上涨，汽车制造企业的成本上升，而激烈的市场竞争又使得企业难以提高汽车售价，导致利润严重下降甚至亏损，投资者会纷纷抛售汽车制造企业的股票，从而造成其股价走低；反之，大宗商品价格大跌，制造业企业的原料成本就会减少，制造业企业的盈利水平得以提升，从而推高其股价。例如，铁矿石价格大跌，钢铁企业受益，其股价大涨。

3. 对宏观经济和市场情绪的影响

大宗商品价格的波动反映了全球市场供求关系的变化。大宗商品价格的适度上涨，可能意味着全球主要经济体增长强劲，需求旺盛。这会对股市产生积极影响，因为上市公司的盈利预期提高，投资者信心增强。在经济复苏阶段，大宗商品需求增加，价格上涨，股市也往往会出现上涨趋势。然而，如果大宗商品价格上涨过快，就会造成制造业企业乃至全社会的运行成本上升，就此引发通货膨胀，从而导致央行采取紧缩货币政策，最终会对股市产生负面影响，这就是俗话说的通胀无牛市。

总体来说，大宗商品价格对股价的影响是复杂的，取决于多种因素，这些因素包括企业的行业属性、成本结构、市场竞争状况以及宏观经济环境等。投资者在分析股价走势时，应密切关注大宗商品市场的动态以及全球经济环境的变化，并结合 A 股市场的具体情况进行分析和判断，充分考虑大宗商品价格波动可能带来的风险或机遇。

三、自然灾害和国际争端对 A 股的影响

自然灾害和国际争端作为两种不同类型的外部冲击，对 A 股市场的影响各有特点且相互交织。

（一）自然灾害

自然灾害如地震、台风等，对 A 股市场的影响主要体现在以下几个方面。

1. 造成直接经济损失

自然灾害往往会导致社会秩序混乱、企业生产中断以及居民财产损失。在 A 股市场中，受灾地区的上市公司可能会因此面临生产停滞、资产减值等问题，从而导致公司经营出现严重困难。这种影响在灾难发生后短期内尤为显著，但随着重建工作的推进，相关公司的业绩有望逐渐恢复。

2. 救灾重建带来机遇

自然灾害发生后，重建和恢复工作通常会带动相关行业的需求增长，如建筑材料、工程服务、保险等行业。这些行业的上市公司可能会受益于重建需求的增加，其股价有望上涨。此外，随着灾后重建工作的推进，相关产业链上的企业也可能迎来发展机遇。例如，2022 年底，欧盟出现能源危机和严寒天气灾害，对我国电热毯等取暖设备需求大增，由此引发我国生产相关产品的上市公司的股价大涨。

3. 引起投资者情绪变化

自然灾害往往会引起投资者的恐慌情绪，导致股市波动加剧。在灾害发生后，投资者可能会出于对未来经济前景的担忧而抛售股票，造成股市短期内的大幅下跌。然而，随着灾害影响的逐渐减弱和重建工作的推进，市场情绪可能会逐渐稳定，股市也可能逐步恢复。

（二）国际争端

国际争端如贸易战、地缘政治冲突等，对A股市场的影响则更为复杂和深远。

1. 短期情绪面的影响

国际争端容易引发投资者的担忧和恐慌情绪，尤其是发生在我国周边的国际争端，可能导致A股市场投资者的整体风险偏好下降。投资者会大面积地选择减少对股票的投资，转而将资金投向较为安全的避险资产，如黄金、国债等，从而给A股市场带来卖压，导致市场下跌。例如，当我国周边军事冲突爆发的风险升高时，A股市场可能会在短期内出现明显的整体下跌行情。

另外，国际争端还可能引发国际资本对相关股市的担忧，导致外资从A股市场流出。外资在A股市场中已经占有一席之地，其资金的流入和流出对市场的流动性和投资者情绪都有一定的影响。如果外资大量流出，就会对A股市场的资金面造成压力，进而带动市场整体走弱。

2. 行业和板块影响

国际争端通常会使军工行业的需求增加，因为国家可能会加大对国防建设的投入，以应对潜在的安全威胁。这将直接利好A股市场中的军工企业，推动其业绩增长，从而带动军工板块的股价上涨。

另外，国际争端还可能引发大宗商品价格剧烈波动。例如，中东地区的地缘政治冲突可能会影响石油、天然气的生产和出口，原油和相关化工品的价格可能会大幅上涨，这将对A股市场中的相关资源型企业产生积极影响，如石油、天然气、有色金属等板块的企业。但如果争端导致全球经济增长放缓，市场对资源的需求下降，资源价格可能会下跌，这会对相关企业造成不利影响。

此外，黄金作为避险资产，在出现大的自然灾害和国际争端时往往受到投资者的疯狂买入。因为市场不确定性增加时，投资者都会增加对黄金的投资，这必然会推动黄金价格上涨，从而使A股市场中的与黄金相关的企业受益。

3. 长期经济和政策影响

严重的国际争端可能会对全球经济增长产生负面影响，进而影响中国的进出口和经济增长。如果中国的经济增长预期受到影响，A股市场的整体估值水平可能会下降，因为企业的盈利增长预期会普遍降低。

为了应对国际争端带来的经济压力，政府可能会出台一系列的宏观政策，如财政政策、货币政策等。这些政策的调整可能会对A股市场产生直接的影响，例如货币政策的宽松可能会增加市场的流动性，对股市形成利好；而财政政策的调整可能会影响相关行业的发展，进而影响 A 股市场的相关行业板块表现。

此外，自然灾害和国际争端对 A 股市场的影响有时是相互交织、相互作用的。在自然灾害发生时，投资者需要关注灾害对上市公司业绩和股价的直接影响，以及重建需求带来的机遇。与此同时，当国际争端升级时，投资者也需要关注市场情绪、资金流动、行业影响和政策应对等方面的变化，尤其是从事外贸业务的上市公司，其股价波动会比较大，投资者应该根据国际争端带来的实际影响，谨慎参与相关上市公司的股票投资。

第二节　全球化因素影响下的行业及个股特征

上一节主要分析了全球化因素的种类，其中许多因素影响的是整个市场所有的上市公司，但还有许多因素影响的只是部分行业板块和个股。

一、外贸占比较大的公司

外贸行业通常最容易受到全球化因素的影响，这些行业往往具有较高的国际竞争力和广泛的国际市场需求。如果全球化格局出现大的变化，对外贸行业及相关公司影响较大。从细分行业来看，主要有如下板块。

（一）汽车及其零部件

汽车及汽配行业是近年来我国外贸增长较为显著的行业之一。随着中国汽车制造业出现了几家稳步发展的龙头企业，中国汽车产品在国际市场上的竞争力日益增强。特别是我国新能源汽车的集体爆发，为中国汽车出口带来了新的增长点。此外，汽车零部件的出口也稳定增长，这反映出中国汽车产业链的不断完善和国际化程度的提升。

（二）电子产品及信息技术

电子产品及信息技术行业一直是我国外贸进出口的拳头产品。中国作为全球电子产品制造和出口大国，拥有最为完整的产业链和强大的制造能力。智能手机、电脑、电子元器件、通信设备等电子产品在国际市场上具有广泛的知名度和强劲的竞争力。随着5G、物联网、人工智能等技术的不断发展，电子产品及信息技术行业的外贸前景将更加广阔。

（三）纺织服装

纺织服装行业是中国传统的优势出口行业之一。中国的纺织服装产品以品种齐全、价格适中、综合竞争力强而著称。尽管面临一些挑战，如成本上升和国际贸易摩擦等不确定性因素，但我国纺织服装行业依然保持了稳定的增长。特别是随着国际时尚潮流的不断变换，我国外贸服装鞋帽行业为了适应新时代的要求，主动求新求变，发展出多元化、个性化的特色，为行业带来了新的发展机遇。

（四）机械设备

我国的机械设备在全球市场上具有较强的优势。随着全球基础设施建设和制造业的复苏，机械设备的需求预计将持续增长。中国的机械设备在技术创新、产品质量和价格竞争力方面不断提升，为国际市场提供了物美价廉的产品和服务。

（五）家居用品及家具

家居用品及家具也是在我国外贸中占比较大的行业之一。中国家居用品和家具以产品质量过硬、款式新颖、价格实惠而闻名世界，在国际市场上抢占了稳定的市场份额。随着人们对健康生活理念的深入理解，健康家居用品市场迅速增长，如空气净化器、智能健身器材、扫地机器人等健康家居用品备受人们青睐。

（六）环保科技

随着全球范围内环保减排意识的广泛觉醒，环保科技行业成为新的外贸增长点。中国在新能源、节能减排、废物处理等领域大力推进技术创新和突破，成了这一领域的领头羊，为国际市场提供了先进的环保产品和服务。环保科技行业不仅有助于保护环境，还能通过新技术帮助消费者节省开支，因而具有广阔的市场前景。

（七）其他行业

除了上述行业外，我国还有一些其他行业在外贸中占比较高，如化工行业、金属制品行业等。我国的这些行业在国际市场上也具有一定的竞争力和市场份额。在进口方面，对外依存度较大的行业主要是化石能源、航空等行业。这些行业对全球化因素的影响也较为敏感。

总之，在外贸中占比较大的行业板块涉及多个领域，这些行业在不同程度上依赖国际贸易，在国际市场的参与度很高。因此全球化因素对这些行业的影响也就表现得最为明显，A 股市场相关行业企业的股价走势也最容易受到影响。

二、产业链上下游主要在国外的公司

在 A 股市场上，有很多公司的产业链上下游主要分布在国外。这类企业要么是因为需要的资源主要分布在国外，要么是国外企业垄断了相关技术，要么是因为生产成本或市场策略等考量，而将其产业链的关键环节，如原材料供应、核心技术研发、产品制造或销售市场等布局在国外。这种公司主要有以下几类。

（一）资源型企业

这类公司严重依赖于国外的资源和矿产，主要有矿业公司和需要大量进口原材料的制造业企业，这一类公司也就是前文所述的对大宗商品价格非常敏感的企业。矿业方面除了传统的石油化工巨头以外，近年来随着新能源汽车的大发展，制造动力电池大量需要的金属锂、镍和钴等金属也主要分布在国外，我国多家上市公司在全球主要矿产国家都有大量投资。需要大量进口原材料的制造业企业主要有钢铁、造纸和纺织等行业企业。

（二）技术密集型企业

这一类公司也是受全球化因素影响严重的公司，主要集中在科技企业和生物制药企业。前者的上游往往涉及需要依赖国外供应商或合作伙伴提供核心技术、零部件或者原材料，如大部分智能手机、电脑的生产商都需要购买国外设计、生产的芯片。虽然这些企业可能在全球各地设有销售和服务网络，但某些高端零部件的设计和制造仍可能被国外厂商把持。

生物制药企业的上游涉及新药研发、临床试验和原材料供应。由于新药研发的高风险和复杂性，许多企业选择与国外研究机构或大学合作，以获取最新的科研成果和技术支持。在下游方面，生物制药产品的生产和销售往往受到国际法规和市场的严格限制，因此企业需要了解并遵守不同国家的法律要求，并在全球范围内建立销售网络。

（三）整合型企业

这一类企业主要是跨国零售与消费品企业，它们的上游供应链可能涉及全球众多国家和地区的供应商，以确保产品的丰富性、低成本和高质量。而下游的销售网络通常也需要全球进行广泛布局，通过在全球设立门店、打造在线销售平台等方式，满足消费者的需求。例如，近年来在国外迅速崛起的我国跨境电商企业就是这种企业。

总体来说，产业链上下游主要在国外的公司面临着复杂多变的国际环境和挑战。这些企业需要不断适应全球市场的变化和发展趋势，加强自主研发和创新能力的提升，加强和优化对产业链上下游的掌控力度和风险管理策略，唯有如此才能确保企业的持续发展和竞争力。

三、境内外同时上市的个股

在A股市场和港股或者境外的美股市场同时上市的公司，如今已经超过100家，其中不乏涉及国计民生的大型央企，以及快速崛起的新兴行业龙头企业。这些公司选择境内外同时上市，主要是看中可以充分利用两个市场的融资功能，实现资金的多元化筹集，这有助于公司迅速发展壮大、提升竞争力，并降低融资成本。

同时，这些公司往往具有国际化的战略视野，通过境内外市场的联动，可以更好地融入全球经济体系，提升公司的国际知名度和影响力。这些公司在境外上市的股价就直接由所属股市进行定价，由于境外投资者的投资逻辑与A股市场大不相同，境外股市的定价体系也与A股市场大相径庭，因此许多两地上市的公司在两个市场的股价相差悬殊。

另外，由于境内外股市存在开市时间差，一些同时在两地上市的股票容易受到全球化因素的影响，在境外上市的股票率先出现大幅波动，进而很快影响到在A股上市的同类股票，使其也出现相同方向的剧烈波动。例如，A股市场在2024年国庆节休市的时候，港股只休市一天就开盘交易，由于内地刚刚出台了重磅利好政策，在香港上市的十多家内地证券公司股票出现集体大涨，因为港股没有涨停板限制，招商证券在10月2日暴涨81%，此后又连续上涨3天。直到国庆假期结束，A股开盘后证券板块也集体涨停，但是第二天很快见顶回落，涨幅远远落后于港股。

总之，在境内外同时上市的股票是最容易直接受到全球化因素影响的，其境外上市的股票股价出现大幅波动后，会立即影响到开盘后的 A 股股价。对于这一类公司的股票，投资者应该密切关注其在境外股市的股价变化。一旦股价出现剧烈波动，投资者就可以参考境外股票股价的波动方向和幅度制定相应的投资策略，以规避风险并获得更好的投资回报。

第三节 全球化因素影响下的市场走势特征

全球化因素影响下的 A 股市场走势从受到影响的范围来说可以分为三大类，下面分别论述其特征。

一、市场整体受到全面影响

全球化因素造成市场整体受到全面影响的情况通常主要包括重要国家和国家联盟意外做出重大的财政政策、货币政策或贸易政策等经济政策方面的改变，全球金融市场意外出现的大幅波动，以及出现严重的自然灾害和国际争端。

如果出现上述的意外事件对 A 股市场整体造成全面影响，那么市场一般会在短时间内出现整体性的大幅上涨或者下跌，至于影响持续的时间还要看这些影响因素的持续时间有多久。

第一种情况，如果 A 股市场原本就在一段趋势中运行，而意外出现的影响因素恰好和市场趋势一致，那么就会使得原有趋势得到强化，市场波动会短期加速，趋势运行的时间也会延长。例如 2018 年 6 月 19 日，美国挑起的贸易战正式开始，美国总统特朗普威胁要对 2000 亿美元的中国出口商品加征关税，中国商务部对此进行谴责并表示将大力回击。这一消息引发了 A 股市场的全面恐慌情绪，导致 A 股市场整体大幅下跌，当天上证指数跳空大跌 3.78%，此后又连续下跌了半个多月，直到 7 月 6 日才短期见底并出现较强反弹。这次大跌之前上证指数就已经跌破了所有中短期均线，形成了空头排列，贸易战的消息相当于雪上加霜，让本就摇摇欲坠的市场终于崩溃，进而一泻千里。

第二种情况，如果意外出现的影响因素和市场趋势相反，那么就会使得市场首先出现短暂的反弹或者回调，后面投资者可根据影响因素的持续性判断波动的时间和方向。

二、行业板块受到影响

全球化因素对 A 股市场的影响更多地表现在对部分行业板块的影响上面。主要的影响因素是外围市场的板块或龙头股大幅上涨或者下跌带动 A 股相关板块波动，以及大宗商品价格的剧烈波动引起 A 股相关板块出现异动。

第一种情况，如果这种影响刚好和 A 股市场的炒作氛围相契合，就可能带动相关行业板块出现持续的大幅上涨。例如，2023 年初开始，美国推出了生成式人工智能，带动人工智能芯片的龙头英伟达持续上涨了半年之久。恰好此时的上证指数也从 2023 年初到 5 月中旬都维持在均线上方，保持多头排列走势，所以这项科技进步也催涨了 A 股市场的人工智能板块，并带动其中的多只个股出现连续暴涨。

第二种情况，如果影响因素和 A 股市场整体趋势相反，那么相关行业板块的波动趋势可能也只是昙花一现。例如，国际黄金价格从 2023 年 10 月开始进入了 1 年多的持续上升，而 2024 年 2 月至 4 月也是 A 股市场整体上涨的阶段，这期间黄金概念板块也是同步拉升，且拉升幅度超过同期的大盘指数。此后，随着大盘的逐步下跌，黄金概念板块也持续下跌，到了 2024 年 8 月中旬国际黄金价格再次创历史新高，但是黄金概念板块只是盘中略微反弹就继续向下，一直维持阴跌走势，到 9 月中旬后大盘整体开始大涨才跟着反转向上。由此看来，在大盘没有反转之前，国际黄金价格的大涨创新高也没能带动黄金概念板块单独走强。

三、个股受到严重影响

全球化因素对 A 股市场的影响有时候会单独落到某只股票上面，这种情况一旦出现就可能对某只股票产生翻天覆地的影响，其股价也可能出现持续的大幅波动。这种情况下，市场整体的趋势已经不重要了，它对个股的走势判断可能没有任何作用。这种情况主要出现在产业链上下游的国外公司中，以及境内外均上市的公司中。

例如，中国领先的精密光电元器件制造商欧菲光，自从 2016 年成功打入苹果供应链以后，业务得到迅速发展，营收从 260 亿元左右一举突破 500 亿元，一时之间风光无限，成为市场上炙手可热的科技股新贵，股价也步步高升。这个阶段的欧菲光也借此成了当时的中线大牛股。

然而好景不长，2021 年 3 月，苹果公司突然宣布终止与欧菲光的合作关系，这一消息如同晴天霹雳，让欧菲光瞬间陷入了困境。公司的销售量断崖式下降，业绩更是持续下滑，股价也一泻千里。据统计，2021 年欧菲光的营收同比降低了近 50%，净利润更是暴跌了 90%以上。这一连串的打击让欧菲光几乎陷入了万劫不复的境地，其间只能通过变卖设备与资产来维持运营。

不过，好在欧菲光并没有选择放弃，公司迅速调整战略方向，积极开拓新的市场和客户，同时又加大了对新技术、新产品的研发投入力度，不断提升自身的技术实力和创新能力。同时，欧菲光还积极与华为、小米等国内主要手机厂商建立合作关系，为更多大客户提供高质量的光电产品和服务，在华为的大力帮助下，欧菲光成功地渡过了难关。如今，欧菲光已经重新振作起来，全力为华为手机供应光电零部件。

欧菲光的遭遇主要是由于下游需求方过于集中在一家买方，一旦大客户出现变动，公司的销售立即陷入困境。企业要想立于不败之地就必须具备有竞争力的核心技术、多元化的市场布局以及与合作伙伴之间的信任和合作。同时，面对困难和挑战时，企业也应该保持坚韧不拔的斗志和勇往直前的精神，只有这样，才能在逆境中求得生存与发展。

第四节　相关个股的见顶信号

受到全球化因素影响的个股，成为中线大牛股且其股价持续大幅上涨之后，同样也会见顶并下跌，要辨别此类个股见顶的情况，要具体区分个股基本面有没有因为全球化因素而出现重大改变，以及这种改变能不能持续下去。

一、基本面出现重大改变

因全球化因素影响，造成个股基本面直接改变的情况，主要出现在前文所述的产业链上下游在国外的公司中，以及受大宗商品波动影响明显的公司中。尤其是产业链上下游主要在国外的公司，一旦受到影响，一般都会给个股的基本面带来明显的改变。这种情况下，股价见顶一般取决于基本面的改变能否持续向好。如果业绩不能保持良好的增长态势，股价就可能止涨转跌，直到股价完全反映业绩的下滑；或者投资者对公司业绩增长的预期低于现实情况，也会造成股价回落以匹配其现实业绩。

比如前文提到的案例欧菲光，在 2016 年加入苹果公司产业链之后，立即改变了公司的基本面，财务报表的营收、利润、现金流以及负债等指标都得到迅速改善，股价也随之持续上涨。这就是因业绩增长推动股价上涨的中线大牛股行情，如果欧菲光的业绩可以保持持续增长，那么股价可能继续上涨。但是，2021 年 3 月，苹果公司突然把欧菲光踢出供应链，导致其基本面严重恶化，因此其股价立即开始下跌，而且短时间内其基本面很难得到根本性改善，股价的下跌也就停不下来。遇到这种情况，投资者应当立即果断卖出股票，以避免损失进一步扩大。

另外一种情况，是全球化因素持续带动公司的基本面改善向好，此时投资者应该抓住机会买入股票，跟上上涨的步伐。例如前文提到的黄金概念板块，在国际黄金价格持续上涨 1 年多，仍然看不到明显结束迹象的情况下，投资者就要寻找时机买入黄金概念个股。由于受全球化因素影响的行业板块的走势还会受大盘整体走势的严重影响，投资者可以在大盘明显走强以后逢低买入黄金概念个股，这样就能抓住国际黄金价格上涨带来的红利。只要国际黄金价格没有出现明显的见顶回落走势，黄金概念股票就会反复向上拉升。

二、基本面没有直接改变

如果全球化因素没有带来个股基本面直接改变，那么，不论是各国突然改变财政政策、货币政策或贸易政策等经济政策，还是全球金融市场的剧烈波动，抑或是自然灾害和国际争端，都只是短期影响投资者情绪和资金流入，对个股的基本面改变影响不大，这种情况要判断市场和个股是否见顶就主要靠技术面进行分析。

第五节　相关个股或指数的案例分析

在 A 股市场上，因受到全球化因素影响而股价暴涨的例子并不鲜见。与此同时，大盘指数急涨后短期见顶回落的案例也不少。下面，我们分别来看几个具体案例。

一、2023 年的中线大牛股鸿博股份

鸿博股份在 2023 年年初启动的持续大半年的大涨行情，就是典型的全球化因素影响下走出的中线大牛股行情。以下是对其大涨过程的详细分析。

（一）行情启动前的长期低迷

2023 年，A 股市场整体表现不佳，上证综指全年累计跌幅为 3.7%，是近 10 年来第三次收于 3000 点下方；科创 50 指数全年跌 11.24%；深证成指全年跌 13.54%；创业板指全年跌 19.41%。而鸿博股份成为当年为数不多的中线大牛股之一。不过，该股在启动之前，经历了较长时间的沉寂，见图 9-5-1。

图 9-5-1 是鸿博股份的日 K 线图，图中时间跨度为 2015 年 3 月至 2023 年 2 月。可以看到，该股在 2015 年 5 月阶段性见顶后股价迅速暴跌。此后经过几番震荡下跌，直到 2018 年 9 月跌至 6 元附近，出现阶段性低点。随后，股价进入了长时间的低位震荡，其间虽然也有反弹但股价都没能翻倍，很快又转为下跌。到了 2022 年 5 月，该股最终跌至 4.51 元的此时段最低点，然后出现一波接近翻倍的反弹后，再回调震荡，直到 2023 年 2 月，股价基本在 7 元左右震荡。

从图 9-5-1 可以看到，该股在行情启动之前的走势长期在低位横盘震荡，这就完全符合我们对中线大牛股的选股要求——股价长期低迷，长时间在低位震荡，

这也是主力大资金喜欢的建仓区间。

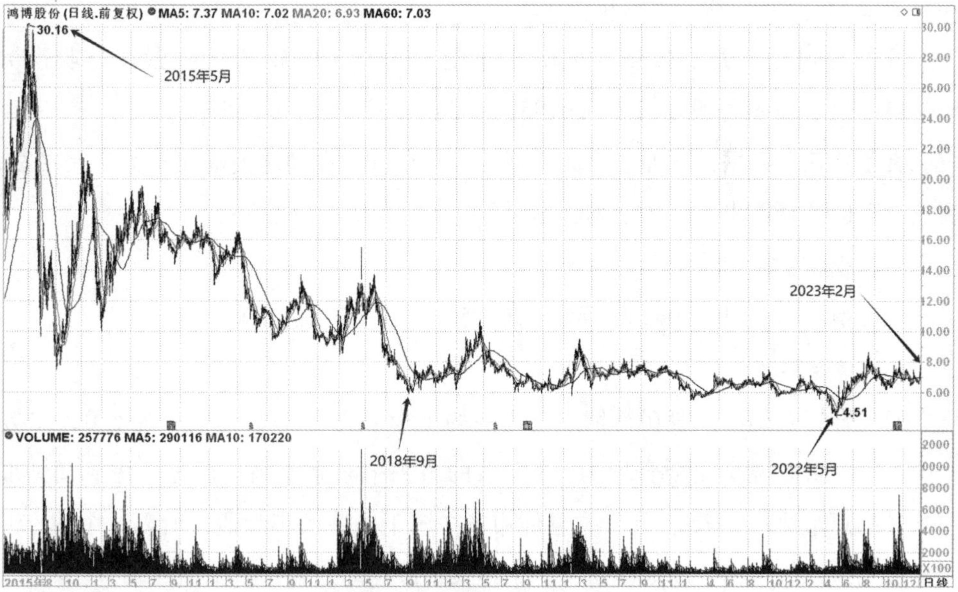

图 9-5-1　鸿博股份（002229）日 K 线（1）

（二）行情启动前的估值

下面我们来看看鸿博股份在行情启动之前的业绩情况，见图 9-5-2。

☆财务分析☆ ◇002229 鸿博股份 更新日期：2024-09-26◇ 港澳资讯 灵通V8.0
☆【港澳资讯】所载文章、数据仅供参考，使用前务请仔细核实，风险自负。☆
★本栏包括【1.财务指标】【2.报表摘要】【3.异动科目】【4.环比分析】★

【1.财务指标】
【主要财务指标】

财务指标	2024-06-30	2023-12-31	2022-12-31	2021-12-31	2020-12-31	2019-12-31
审计意见	未经审计	标准无保留意见	标准无保留意见	标准无保留意见	标准无保留意见	无保留意见+强调事项
净利润(元)	-3956.4046万	-5444.2869万	-7509.8856万	913.9042万	2545.8258万	3530.9283万
净利润增长率(%)	-24.9(L)	27.5(L)	-921.7366	-64.1019	-27.8992	586.5348
扣非净利润(元)	-5546.075万	-7144.6073万	-8788.7565万	-959.7493万	-6647.5804万	-1361.3067万
营业总收入(元)	2.6522亿	6.1976亿	5.4564亿	5.7443亿	4.7382亿	6.2656亿
营业总收入增长率(%)	-9.3004	13.5834	-5.0115	21.2338	-24.378	-11.206
加权净资产收益率(%)	-2.58	-3.45	-4.55	0.54	1.52	2.1
资产负债比率(%)	52.5896	46.0747	30.0308	26.2199	16.9687	15.4984
净利润现金含量(%)	202.2328	-64.7253	-38.2522	91.8423	372.8329	164.3981
基本每股收益(元)	-0.0802	-0.1104	-0.1523	0.0185	0.0515	0.0707
每股收益-扣除(元)	-0.1125	-0.1449	-0.1781	-0.0195	-0.1346	-0.0273
稀释每股收益(元)	-0.0802	-0.1104	-0.1523	0.0185	0.0515	0.0707
每股资本公积金(元)	1.6916	1.6977	1.7225	1.757	1.757	1.757
每股未分配利润(元)	0.2327	0.3121	0.4214	0.5787	0.564	0.5237
每股净资产(元)	3.0273	3.1128	3.2397	3.3856	3.371	3.3868
每股经营现金流量(元)	-0.1606	0.0707	0.0576	0.0168	0.1905	0.1165
经营活动现金净流量增长率(%)	-740.0854	22.6662	242.2526	-91.157	63.5148	-63.9019

图 9-5-2　鸿博股份（002229）财务分析

图 9-5-2 是鸿博股份 F10 资料中的财务分析栏目。由于该股爆发的时间为 2023 年 2 月，当时 2022 年的年报还未公布，但可以看到 2021 年的数据，从图 9-5-2 可以看到几个关键数据：2021 年净利润为 913.9042 万元，营业总收入为 5.7443 亿元，基本每股收益为 0.0185 元，每股净资产为 3.3856 元。

有了这几个数据，再加上前面看到的该股在行情启动之前的股价为 7 元左右，我们就可以计算得出该股的下列数据：

市净率 = 7÷3.3856 = 2.07

总市值 = 7×（913.9042÷10000÷0.0185）= 34.58（亿元）

市销率 = 34.58÷5.7443 = 6.02

通过计算，得出该股在行情启动之前的市净率为 2.07，市销率为 6.02。2 左右的市净率可以说是完全合理的，6 左右的市销率略微偏高，但是考虑到鸿博股份当时的总市值不到 35 亿元，在整体市场中属于典型的小盘股，所以这个数字并不算太高。总体来说，鸿博股份符合中线大牛股启动之前的低估值要求。

（三）行情从启动到爆发分析

鸿博股份行情从启动到爆发，中途经历多轮反复，但底部一直在抬高，最终股价暴涨 10 倍，整体走势可谓相当经典，见图 9-5-3。

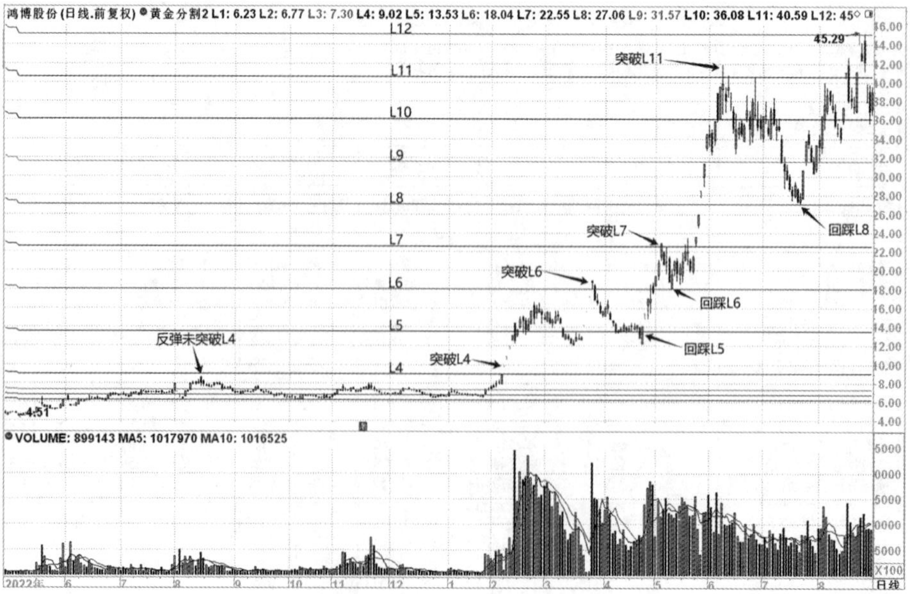

图 9-5-3　鸿博股份（002229）日 K 线（2）

图 9-5-3 是鸿博股份的日 K 线图，图中时间跨度为 2022 年 5 月至 2023 年 9 月。通过使用黄金分割指标，可以清晰地看到股价的运行非常标准，在符合黄金分割比例所指示的位置形成了波段的重要高低点。

可以看到，该股前面一半的时间还在低位震荡，反弹最高的一次股价仍然未能突破 L4，然后又回调到 L1 附近，获得支撑才逐渐反弹。在突破 L4 之前股价有三次明显放量拉升的过程，第一次是从最低点启动，放量之后略微调整继续小幅反弹，后面两次则是股价回到 L1 后再放量反弹，向上拉升不久便结束反弹重新向下调整，这个过程就是主力大资金建仓然后震荡洗盘的过程。

到了 2023 年 2 月，激动人心的日子终于到了，股价从 1 月底的 L2 附近开始连续上涨，到了 2 月 7 日下午刚刚开盘股价就迅速封死涨停板，也来到了 L4 附近。第二天，股价直接一字板封死涨停突破了 L4，然后再接再厉连续拉升三个涨停板，而且基本都是开盘迅速封板，直到 2 月 14 日开盘涨停突破了 L5，才打开涨停板。

股价出现连续涨停板突破的背后，是鸿博股份及时搭上了当时市场上最热门的生成式人工智能概念股的快车。2022 年底，美国 OpenAI 公司推出了全世界第一个生成式人工智能 ChatGPT，一时间成为全球最大的热点事件，而鸿博股份早在 2022 年 8 月就和英伟达及中关村中恒文化科技创新服务联盟共同协议发起建立子公司英博数科，并签订合作协议，成立北京 AI 创新赋能中心，由英博数科担任唯一指定运营主体。英伟达是全球人工智能芯片的龙头，能够与其合资成立子公司，经营人工智能及高性能算力，让鸿博股份成了市场上的明星。和全球龙头公司的战略合作完全符合全球化因素对个股的影响，而且又是当时市场最热门的人工智能算力概念，所以股价出现大爆发也就顺理成章了。

当 A 股市场各路资金开始挖掘人工智能大模型及相关芯片、算力概念的时候，鸿博股份恰逢其时地成了市场焦点，股价一举突破 L4 和 L5 两道关卡。由于这一次拉升太猛，股价惯性上冲没有突破 L6 又回调到了 L5 下方，股价最低回到第四个涨停板附近，见底反弹后，再次爆发并连续拉出三个涨停板，直接突破 L6。不过，突破 L6 之后并未继续向上，主力选择再一次回调洗盘，股价刚好回到 L5 附近，震荡半个月左右，终于启动了波澜壮阔的主升浪，股价先是一口气拉升到 L7，然后进行了回调整理，最低回踩到 L6 后就展开了最大力度的一波拉升，连续五个涨停板后，稍微回调再继续拉升，直到 2023 年 6 月初拉升突破 L11，这一波拉升，仅半个月左右就实现了股价翻倍，让人叹为观止。此后，股价经历了一个多月的回落调整，最低到了 L8 附近才获得支撑重新上涨，最后股价又花了 1 个月左右时间震荡拉升，再创新高到了 L12 附近的 45. 29 元，最终见顶。

从长期横盘的最低点 4. 51 元算起，上涨的股价最终达到了最低价的近 10 倍，该股也是近年来 A 股市场上少有的中线大牛股了。

（四）波浪理论分析

下面我们再用波浪理论分析鸿博股份的走势，见图 9-5-4。

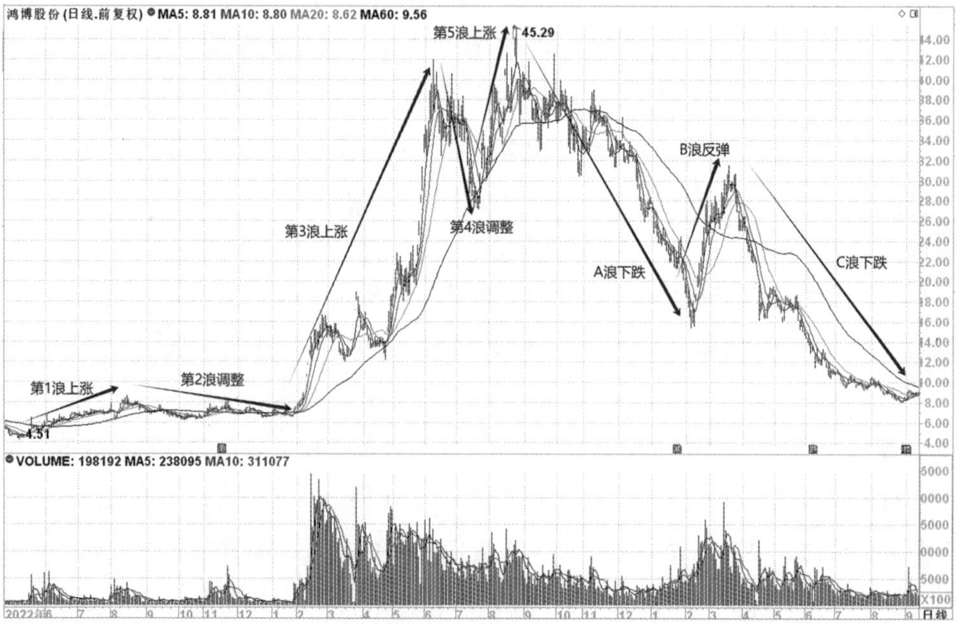

图 9-5-4　鸿博股份（002229）日 K 线（3）

图 9-5-4 是鸿博股份的日 K 线图，图中时间跨度为 2022 年 4 月至 2024 年 9 月。可以看到，鸿博股份走出了一轮经典的牛市和熊市的八浪形态。如果进行细分，还可以把这八个大浪形分为更多更小的浪形。进行不同层级的浪形划分，有助于投资者更好地把握行情的波动，并做出相应的交易决策。

二、市场短期见顶的案例

2024 年 9 月 18 日晚间，美联储宣布大幅降息。这也是美联储 3 年来第一次降息，对于 A 股市场是非常明显的利好信号。9 月 24 日，中国国务院新闻办公室举行新闻发布会，中国人民银行、国家金融监督管理总局、中国证券监督管理委员会等多部门介绍金融支持经济高质量发展有关情况，多角度、多层次出台了一系列提振经济和金融市场的相关措施，其中包括降准、降息，另外还创设了两项新的货币政策工具，分别为5000亿元证券、基金、保险公司互换便利和3000亿元股票回购、增持再贷款。这些工具将大幅提升相关机构的资金获取和股票增持能力，有助于稳定市场预期和增强投资者信心。在多项重磅利好同日释放的支持下，9月份最后5个交易日A股市场出现了久违的连续放量大涨，市场情绪从极端低迷迅速升温。国庆长假期间，社会上对于牛市到来的讨论日益火热，大量投资者摩拳擦掌，准备节后尽快进场购买股票。这一次属于典型的全球化因素影响，同时叠加国内重大利好政策，进而造成市场整体启动的罕见局面。

2024年10月8日，是A股市场国庆长假结束后开盘的第一个交易日，当日上证指数虽然收出了高开低走的阴线，但收盘仍然上涨4.59%，两市成交金额也创下A股历史上的最高值，但在同日，港股恒生指数却大跌9.41%，创下2008年以来最大的单日跌幅。

大部分内地投资者都对港股的大跌不太在意，因为港股在国庆长假期间仍然开盘交易了4天，这4天恒指大涨了10%左右，投资者大多认为港股的大跌不会对A股市场造成太大的影响，所以绝大多数投资者还沉浸在“疯牛”的氛围之中，市场上充斥着一片狂热情绪，大量投资者还在争相追高买入股票。但在10月9日，上证指数低开低走，最终以暴跌6.62%收盘，“疯牛”结束了，市场很快进入了震荡回落的走势。

事实上，随着时间推移，当下的港股与A股市场联系越来越紧密，它的走势又往往领先A股一步，是很好的参考指标。在市场狂热的时候如果港股出现意外的大幅转折，投资者不妨冷静下来仔细分析一下原因，以更好地规避其中的市场风险。

（一）上证指数

由于本轮A股市场的疯狂上涨时间很短，无法用波浪理论进行分析，但是用黄金分割位进行分析，可以很清楚地看到市场短期见顶的可能。下面先看看上证指数的走势，见图9-5-5。

图9-5-5是上证指数的日K线图，图中时间跨度为2023年12月至2024年10月。可以看到，投资者最关注的上证指数在见底后经历了长时间的低位阴跌，

图 9-5-5　上证指数（000001）日 K 线

2024 年 9 月底，开始放量大涨，10 月 8 日开盘时大幅高开，刚好触及 L1 附近，这是黄金分割位中股价反弹的第一强阻力位。股价从低位反弹第一次触及这个位置时，一般都会遇到阻力回落。

（二）上证 50 指数

我们再来看看其他一些重要指数的走势，比如上证 50 指数，见图 9-5-6。

图 9-5-6　上证 50 指数（000016）日 K 线

图 9-5-6 是上证 50 指数的日 K 线图，图中时间跨度为 2023 年 12 月至 2024 年 10 月。因为有相对应的股指期货和期权，上证 50 指数是 A 股市场非常重要的代表大盘指标股走势的指数。可以看到，上证 50 指数的走势在低位下跌时，和上证指数大方向基本一样，始于 2024 年 9 月的这一波大反弹和上证指数基本同步，也是在 10 月 8 日大幅高开到了 L1 附近见顶回落。

（三）中证 500 指数

我们再看一个代表中小盘股走势的指数——中证 500 指数的走势，见图 9-5-7。

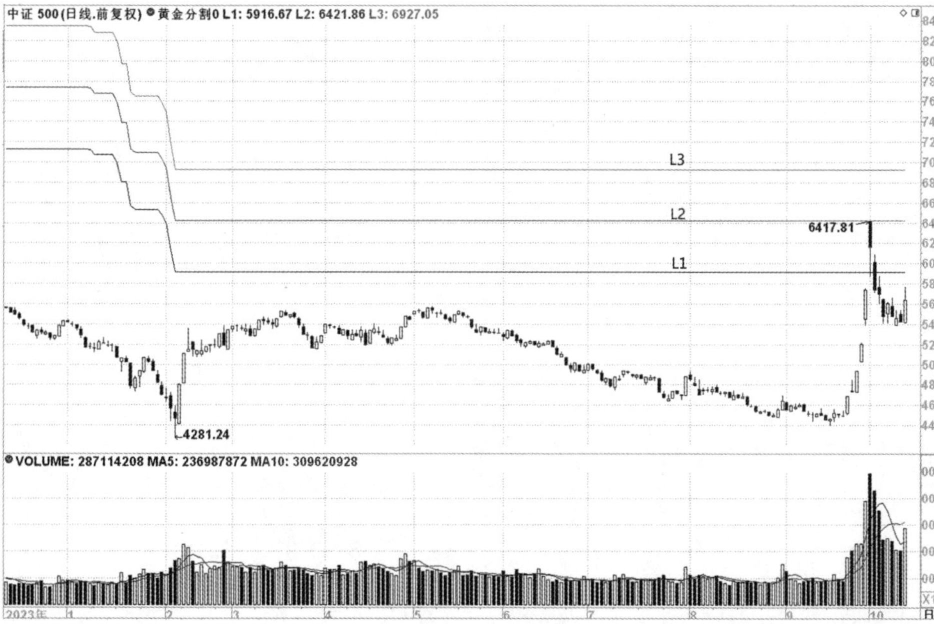

图 9-5-7　中证 500 指数（000905）日 K 线

图 9-5-7 是中证 500 指数的日 K 线图，图中时间跨度为 2023 年 12 月至 2024 年 10 月。中证 500 指数也有相对应的股指期货和期权，该指数选取的样本股有 500 只，是 A 股市场中非常重要的代表中小盘股走势的指数。可以看到，中证 500 指数在 2024 年 9 月下旬启动的这一波放量反弹行情力度更大，最高点直接涨到 L2 附近，但是当天收出放量的光头阴线，此后结束了“疯牛”行情，开始震荡回落。

从以上几个重要指数的走势来看，都是在 2024 年 10 月 8 日碰到了 L1 或者 L2 的黄金分割位重要阻力位。L1 是从最低点反弹 0.382 的位置，是第一个强阻力位。

L2 是从低位反弹 50%的半分位，这个位置的阻力更加沉重，多个重要指数触及这一强阻力位后，就是明显的短期见顶信号。再加上港股当时大跌，投资者可以大致分析出大盘在此位置很有可能遇阻回落，这种情况下就不要在高位追高买入了，而是应该果断卖出所持股票，等待重要指数回落后，再逢低买入股票。